김종철 감독의 이스라엘 바로 알기 시리즈 3
10월 7일, 가자 전쟁의 본질과 진실

김종철 감독의
이스라엘
바로 알기 시리즈

3

10월 7일, 가자 전쟁의 본질과 진실

김종철 지음

Brad Books

들어가는 글

　인간의 기억력은 완벽할 수도, 영원할 수도 없지만, 이스라엘에서 일어난 일에 대해서는 유독 빨리 잊는 것 같다. 어슴프레 잊혀지는 것도 아니고 아주 까맣게 잊어 버린다. 몇백 년 전의 일도 아니고 몇십 년 전의 일도 아닌 불과 일 년 전의 일인데도 사건의 본질을 잊는 것 같다. 2023년 10월 7일에 있었던 하마스의 이스라엘 기습 공격에 대한 기억 말이다.

　분명히 하마스가 일방적으로 국경을 넘어 이스라엘을 침공했고 민간인 1천4백여 명을 잔혹하게 살해하고 민간인 마을을 불태웠으며 240여 명을 인질로 끌고 갔다. 당연히 이스라엘은 인질로 끌려간 자국민을 구출하기 위해 전쟁을 시작할 수밖에 없었다.

이스라엘은 가자 지구의 땅 한 뼘도 차지하고 싶은 마음도, 관심도 없다. 가자 지구의 민간인들이 하마스로부터 어떤 대우를 받으면서 비참하게 살아가는지에 대한 것도 생각할 필요도 없다. 단지 가자 지구 지하터널 어딘가에 갇혀 있는 인질들을 구출하기 위해 언제 터질지 모르는 부비트랩의 위험 속에서 목숨을 걸고 터널 속을 뒤지는 것이며 민간인으로 위장하고 민가에 숨어 있는 하마스를 처단하기 위해 전쟁을 치루고 있을 뿐이다.

이 전쟁의 본질은 하마스가 저지른 범죄에 대한 대응으로 시작되었다는 것이다.

하마스의 만행은 21세기 문명사회에서 일어났다고 믿어지지 않을 만큼 잔혹하기 이를 데 없었고 이런 이유 때문인지 전쟁이 시작되고 한동안은 세계의 언론도, 뉴스 소비자들도 이스라엘의 반격을 낭연하게 생각했고 두둔했었다.

그런데 전쟁이 오래가지 않을 거라던 일부 전문가들의 예측과는 다르게 두세 달 넘어가면서부터는 태도가 돌변하기 시작했다.

검증도 확인되지도 않은 하마스 보건부의 일방적인 피

해 규모 발표 내용과 이스라엘은 적당히 해라, 가자 지구의 민간인들이 너무 많이 죽는다, 불쌍한 아이들과 여성들이 무슨 잘못이 있는가? 이런 식의 기사 제목들이 쏟아져 나왔고 무너진 건물 잔해 속에서 울부짖는 아이들과 주저앉은 여성들의 사진으로 넘쳐났다. 이스라엘군이 가자 지구의 병원에 진입했을 때도 어떻게 병원을 공격할 수 있느냐며 이스라엘군을 비난했다. 병원 안에 하마스 테러리스트들이 환자들 속에 숨어 있고, 의사 행세를 하며 병원 지하에 그들만의 지휘소를 만들어 숨어 있다는 이스라엘군 당국의 발표는 보도하지도 않았다.

대부분의 세계 언론은(영혼없는 우리나라 언론도 포함) 이스라엘에 대해 우호적이었던 적이 별로 없었기 때문에 이런 반응은 어쩌면 당연할지도 모른다.

불과 몇 개월 전에 있었던 전쟁의 본질은 까마득히 잊은 채, 이스라엘은 전쟁 범죄 국가, 전쟁을 못해서 안달이 난 민족이라는 프레임을 씌우고 있다. 세계 언론이 이러니 당연히 우리나라 언론도 마찬가지다. 그 뉴스의 진위를 분별하기 쉽지 않은 시청자들은 여지없이 이스라엘 비난 행렬에 동참한다. 그야말로 입 달린 사람이라면 누구나 이스라엘을 비난하듯 말이다. 하지만 이는 너무나 불공정한 처사이며, 진실을 외면하고 호도하는 일이다.

더구나 이스라엘도 2023년 10월 7일 이후로 많이 변했다. 제2차 세계 대전 때 당했던 홀로코스트 이후 가장 큰 피해를 입었다고 하니 어찌 생각이 달라지지 않을 수 있겠는가? 국가에 대한 생각, 팔레스타인인을 바라보는 시선, 신앙에 대한 생각이 많이 달라졌다고 한다. 가자 지구와 서안 지구가 존재하는 한 이스라엘 국민은 또 언제 이런 일을 겪게 될 지 모르니 당연히 생각이 달라질 수밖에 없을 것이다.

그렇다면 우리는 일 년째 이어지고 있는 가자 지구 전쟁을 제대로 보고 있는 것일까? 제대로 알고 이스라엘을 비난하는 것일까? 아직도 반유대적이고 반이스라엘적인 프레임을 가진 국제 언론과 국내 언론에 길들여져 진실을 보지 못하는 것은 아닐까? 이 책은 지난 일 년간 가자 지구의 하마스와 전쟁에 대한 진실을 담으려고 노력한 기록이다.

김종철 감독

목차

들어가는 글 00

1
하마스가
이스라엘을 공격한
이유

11

2
도대체
이스라엘군 당국은
뭘 하고 있었나?

51

3
유엔
팔레스타인 난민구호기구와
하마스는 한통속이었다

67

4
초정통파 유대인이
거리로
뛰쳐나온 이유

89

김종철 감독의
이스라엘
바로 알기 시리즈
3

5
두 국가 해법은
정말
해결책일까?

115

6
아직도
하마스를
신뢰하는가?

161

7
미국 대학
반전 시위의
진실

195

8
이스라엘은
과연
전쟁 범죄 국가일까?

219

1
하마스가 이스라엘을 공격한 이유

2023년 10월 7일 새벽 6시 30분, 이날은 토요일 샤밧이자 초막절 마지막 날이었다. 이스라엘의 유대인은 샤밧에는 전화도 인터넷도 하지 않는다는 것은 누구나 다 아는 사실이다. 더구나 이날은 초막절 마지막 날이었다.

바로 그 시각, 3천여 명의 하마스가 가자 지구에서 트럭과 불도저로 철책을 무너뜨리고 트럭과 오토바이를 타고, 바다에서는 쾌속정을 타고, 심지어 패러글라이더를 이용해 이스라엘 쪽으로 넘어왔다. 하마스의 기습 공격은 입체적이었다.

가자 지구 인근 지역은 물론이고 25킬로미터 떨어져 있는 이스라엘 군부대까지 무한 질주해서 군부대를 장악했다. 그야말로 마른하늘에 날벼락 같은 기습 침공이었다.

하마스는 자그마치 8시간 동안 이스라엘의 유대인 마을을 미친 짐승들처럼 몰려다니며 기관총을 난사했다. 평온하게 아침거리를 산책하던 유대인들은 속수무책으로 피를 흘리며 쓰러졌다. 어떤 키부츠에서는 집을 불태우고 유대인 여성들을 집단으로 강간했으며 삽으로 살아 있는 사람의 목을 여러 차례 가격하며 살해했다. 뒤늦게 도착한 자카JAKA(시신수습 요원) 대원의 증언에 따르면 새까맣게 불에 탄 시신을 CT 촬영하자 엄마와 아기가 서로 부둥켜안은 모습이었다고 밝혔다. 하마스는 수니파 이슬람 극단주의 무장단체ISIS보다 더 끔찍한 일을 저질렀다.

2023년 10월 7일, 하마스는 안전 펜스를 불도저로 밀고 기습 공격을 감행했다.

* 동력 글라이더를 타고 이스라엘로 넘어오는 하마스
* 가자 지구로 인질을 납치해 가는 하마스

1 하마스가 이스라엘을 공격한 이유

이날 하루에만 하마스는 2천5백여 발의 로켓을 이스라엘로 발사했으며 지금까지 9천5백여 발을 발사했다. 하루 사이에 이스라엘 민간인 1천2백여 명이 살해되었고(처음엔 1천4백여 명으로 발표했다가 나중에 1천2백여 명으로 수정 발표) 그중에서도 레임 키부츠Re'im Kibbutz에서 음악 페스티벌을 즐기던 현장에선 260구의 시신이 발견되었다. 부상자는 4천여 명, 가자 지구로 납치되어 끌려간 사람도 240여 명에 이른다. 지금 이 순간에도 17만 명의 이스라엘 시민이 집을 떠나 대피해 있고 36만 명의 예비군이 동원되어 목숨을 건 전투를 벌이고 있다.

하마스의 정체

이런 끔찍한 전쟁 범죄를 저지른 하마스는 어떤 단체인가? 이들은 왜 이스라엘을 침공해 이런 끔찍한 일을 저질렀을까?

하마스에 관해 이야기하자면 1947년으로 거슬러 올라가야 한다. 이미 제1차 세계 대전 당시 유대인에게는 이스라엘 국가의 독립(벨푸어 선언)을, 그리고 아랍인에게는 팔레스타인 국가 독립(맥마흔 선언)을 약속했던 영국은 전쟁이 끝났음에도 불구하고 그 약속을 지키지 않고 국제연합으로 이 문제를 떠넘겼다. 결국 국제연합은 팔레스타인 땅을 이스라엘과 아랍인 지역(서안 지구와 가자 지구)으로 나누어 살게 했다.

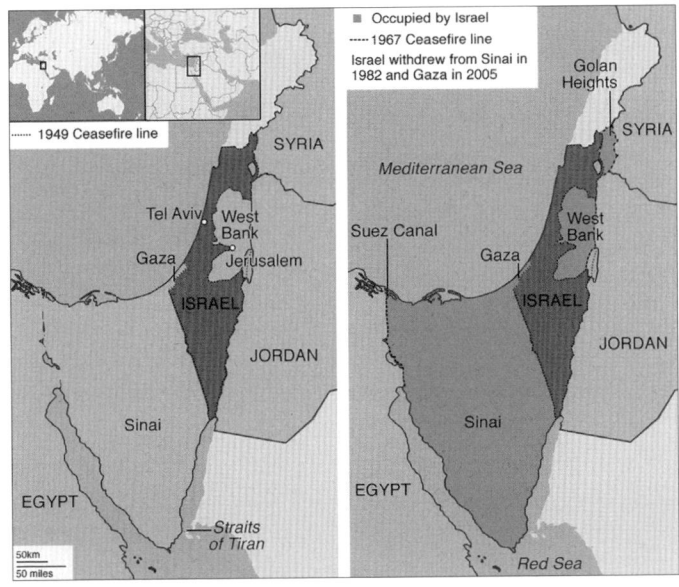

1967년 6일 전쟁 이전과 이후 이스라엘 영토 비교

1948년 5월 14일, 이스라엘이 국가로 독립한 이후에도 두 민족은 큰 충돌 없이 비교적 잘 살았다. 하지만 서안 지구West Bank의 아랍인과는 달리 이스라엘 주변 아랍 국가들은 이스라엘 건국 자체에 대한 불만이 많았다. 주변 아랍 국가들은 호시탐탐 이스라엘을 군사적으로 공격하여 궤멸시키려는 계획을 세우고 있었고 이 같은 사실을 이스라엘이 모를 리 없었다. 결국 1967년 6일 전쟁이라 불리는 3차 중동 전쟁이 이스라엘의 선제공격으로 시작되었다.

이 전쟁으로 이스라엘은 동예루살렘을 포함하여 요르단이 관리하는 서안 지구와 가자 지구까지 모두 점령하고 남쪽의 시나이반도와 북쪽의 골란고원까지 그 전의 이스라엘 영토보다 몇 배나 더 넓은 면적의 땅을 확보하면서 기적처럼 6일 만에 전쟁을 끝냈다.

그런데 1967년 6일 전쟁 이후부터 서안 지구의 아랍 사람들이 변하기 시작했다. 야세르 아라파트Yasser Arafat가 팔레스타인 자치 정부PLO를 조직하면서 본격적으로 이스라엘의 점령에 반대하는 폭력 시위가 끊이지 않았고 이스라엘을 향한 크고 작은 테러가 이어졌다. 특히 검은 구월단Black Septem이라는 테러 조직은 1972년 뮌헨 올림픽 기간에 선수촌에 난입하여 이스라엘 선수와 코치 등 11명을 살해하여 전 세계를 큰 충격에 빠뜨리기도 했다. 이 시기에 이스라엘은 팔레스타인 테러리스트로부터 안전한 곳은 없었고, 이스라엘 국민은 폭탄 테러에 대한 노이로제와 트라우마에 시달려야만 했다.

이는 팔레스타인 아랍인에게도 마찬가지였다. 이스라엘 국민을 대상으로 아무리 끔찍한 테러를 저지르고, 납치하고, 살해해도 상황이 변하거나 나아지는 것은 없었다. 테러와 보복 공습만 반복될 뿐이었다.

1993년 9월, 이즈학 라빈 총리(좌)와 야세르 아라파트 의장(우)이 서로 악수하고 있다.

결국, 팔레스타인 자치 정부는 다른 방법을 찾아야 했다. 그 방법은 이스라엘과의 관계를 정치적·외교적으로 문제와 갈등을 해소해 보자는 것이었다. 1995년 노르웨이 오슬로에서 이스라엘의 이즈학 라빈Yitzhak Rabin 총리와 팔레스타인 자치 정부의 야세르 아라파트가 마주 앉아 두 국가 해법에 사인을 하며 서로 공존하며 잘 살자고 약속한다. 이것이 훗날 세기적인 평화협정으로 중동 문제를 해결했다며, 주인공인 세 사람(이스라엘의 시몬 페레스Shimon Peres 대통령 포함)에게 노벨 평화상을 수여하게 된 이른바 '오슬로 협정Oslo Accords'이다.

지난 20여 년 동안 이스라엘을 공포에 몰아넣었던 폭탄 테러는 사라지고 이스라엘과 팔레스타인 아랍인이 서로의 존재를 인정하며 평화롭게 공존할 것이라는 모든 이의 기대는 얼마 못 가 산산이 부서진다. 아라파트의 평화주의 노선에 반대한 팔레스타인 아랍 사람들이 "우리는 그렇게는 못한다. 끝까지 이스라엘과 무력으로 싸워야 하고, 유대인들을 팔레스타인 땅에서 모두 내몰아야 한다"고 주장하면서 무장 세력이 조직되었다. 이 조직이 바로 '이슬람 저항 단체'라는 뜻의 하마스Hamas다.

결국, 야세르 아라파트가 이끄는 파타 정당과 하마스 조직이 서안 지구 안에서 내전 수준의 무력 충돌로 이어졌고 그 결과 서안 지구는 여전히 팔레스타인 자치 정부가, 가자 지구는 하마스가 통치 관리하는 것으로 마무리되었다.

놀랍게도 2005년까지만 해도 가자 지구에는 유대인이 다수 거주하고 있었다. 그 유대인들을 보호하기 위해 이스라엘 군이 가자 지구 안에서 치안을 관리하고 있었기 때문에 하마스가 이스라엘을 향해 로켓을 날리는 일은 일어나지 않았었다. 하지만 2006년 국제 사회의 여론으로 인해 가자 지구에 있던 유대인들을 강제로 이주시키면서 이스라엘군도 완전히 철수하였다. 가자 지구는 완전히 하마스의 천국이 되었고 테러리스트의 배양지가 되었다.

처음 출발의 이유가 그러했듯이 하마스는 이스라엘과 주적 관계인 이란으로부터 무기와 매년 1억 달러씩(한화 약 1,350억 원) 재정 지원을 받았다. 그때부터 본격적으로 이스라엘을 향해 끊임없이 테러와 로켓 공격을 했고, 이란과 북한의 기술 자문을 통해 가자 지구 안에 500킬로미터의 땅굴과 학교, 유치원, 병원, 이슬람 사원, 공동묘지 등에 로켓포 발사대를 설치해 놓는 작업을 18년 동안이나 해왔다. 그 과정에 2023년 10월 7일 이스라엘 정부와 군 당국도 전혀 예상하지 못할 만큼의 대규모 입체 작전으로 이스라엘을 공격해서 끔찍한 일을 저질렀고 지금 이스라엘로부터 그 대가를 혹독히 치르는 중이다.

하마스의 배후

하마스가 대규모 인원을 이끌고 이스라엘을 침공한 이유

는 무엇이며 왜 이날이었을까?

이번 침공에는 분명히 이란이 배후에 있다는 의혹이 짙다. 이란은 여전히 자기들과는 무관하다고 주장하지만, 여러 가지 정황상 이란 배후설을 부인할 수가 없다.

이란은 현재 여러 가지 내부 문제로 인해 골머리가 아플 것이다. 몇 년 동안 이어지고 있는 국제 사회의 경제 제재로 인해 산유국임에도 불구하고 원유 수출을 할 수가 없다. 물가는 올라가고 실업률이 늘어나는 등 이란 경제는 끝없이 곤두박질치는 중이다. 거기에다 히잡을 제대로 쓰지 않았다는 이유만으로 도덕 경찰에 끌려가 의문사한 마흐사 아미니 사건으로 인해 2022년부터 전국적으로 반정부 시위가 끊이지 않는 중이다. 또한 이란의 반인권적 행태에 대한 국제 여론도 최악이다.

이슬람 시아파 종주국 이란이 처한 상황에 비해 이슬람 수니파 종주국 사우디아라비아의 상황은 정반대의 분위기다. 사우디아라비아의 왕세자 무함마드 빈 살만Mohammed Bin Salman Al Saud이 추진하는 네옴시티Neom City는 세계의 관심을 끌며 사우디아라비아에 대한 이미지는 매혹적이었다. 자그마치 1조 달러를 들여서 길이 170킬로미터, 즉 서울시 면적의 43배나 되는 미래형 스마트 도시를 아라비아 사막에 건설하고, 바다에는 옥사곤Oxagon이라는 미래형 산업 단지를 건설하겠다고 발표했다.

이제 세계는 이란을 향해서는 미래가 아닌 과거로 퇴보하는 반문명적 국가, 사우디아라비아는 미래를 향해 나아가는 첨단 국가의 이미지로 받아들이기 시작했다. 그리고 카타르마저 아랍 국가에서 처음으로 개최된 2023 월드컵을 성공리에 마쳤다. 전 세계 축구 애호가들은 카타르에 대해 신비롭고 아름다운 나라, 매력적인 나라로 생각하게 되었다. 그로 인해 국가 상표 가치 또한 한껏 올라갔다.

모두가 알다시피 이란과 사우디아라비아는 1천4백 년 동안이나 이슬람의 창시자 무함마드의 사후 후계자 문제를 두고 피의 역사라고 불릴 만큼 극한의 갈등을 이어오고 있다. 두 나라는 중동 패권을 놓고도 오랫동안 다퉈왔다. 가장 대표적인 사례가 시리아와 예멘 내전이다. 시리아 내전에서 이란은 정부군을, 사우디아라비아는 반군을 각각 지원했다. 예멘 내전에서도 이란은 후티 반군을, 사우디아라비아는 정부군을 지원했다. 이란은 레바논, 시리아, 이라크로 이어지는 시아파 벨트를 구축해 왔고, 사우디아라비아는 수니파인 아랍 온건 국가, 왕정 국가와 연대해 왔다.

특히 이란과 사우디아라비아는 핵 문제를 놓고 팽팽하게

맞서고 있다. 이란이 핵을 개발하면 할수록 사우디아라비아도 핵을 만들겠다고 끊임없이 미국에 요구하고 있다. 그런 사우디아라비아가 핵을 200기 이상 보유하고 있는 이스라엘과 가까워진다는 것은 그야말로 이란에는 재앙이나 다름없는 일이었다.

사우디아라비아의 급부상, 초조해진 이란

이란은 초조해지지 않을 수 없었다. 더욱이 미국의 도움으로 이스라엘이 아랍 국가인 아랍 에미리트와 바레인, 모로코와 평화협정을 맺으려 하고, 이어서 사우디아라비아가 이스라엘과 손을 잡고 평화협정을 맺는다는 소식까지 들려오고 있었기 때문이다.

사우디아라비아는 그동안 이스라엘과 팔레스타인 아랍인 간의 갈등 문제에 있어서 같은 아랍인으로서, 같은 무슬림으로서 이스라엘보다는 늘 팔레스타인을 지지하는 입장을 취해 왔었다. 그랬던 사우디아라비아가 이스라엘과 손을 잡고 평화협정을 맺는다는 것은 팔레스타인의 서안 지구뿐만 아니라 가자 지구에도 분명 배신감과 함께 분노를 불러일으킬 만한 일이 아닐 수 없었다.

이런 상황에서 결국 이란은 하마스를 부추길 수밖에 없었을 것이다. 미국의 〈월스트리트저널〉은 이번 하마스의 기습 공격 두 달 전인 8월에 이란의 혁명수비대 장교들과 헤즈볼라의 지도자, 하마스의 지도자가 레바논 베이루트에서 여러 차례 만나 육해공 세 방면에서 이스라엘을 급습하는 작전을 계획했으며 침공 관련 비밀회의를 한 것으로 보도했다. 그뿐만 아니라 지난 10월 31일에는 중동 전문 매체 〈암와즈〉 미디어는 에스마일 카아니Esmail Qaani 쿠드스군 사령관이 10월 7일 하마스의 기습 공격 다음 날인 10월 8일 레바논 베이루트에 머물면서 확전 가능성에 대비해 중동 내 반이스라엘, 반미 세력 작전을 조율하고 있는 것으로 보도하였다. 그리고 10월 15일에는 카타르 도하에서 하마스의 지도자 이스마일 하니예Ismail Haniyeh와 이란의 호세인 아미르 압돌라히안 Hossein Amir-Abdollahian 외무 장관이 만나 회담하기도 했다. 그러므로 이란은 이번 하마스의 기습 공격과 절대로 무관할 수가 없다.

이란은 복잡한 국내 문제를 이스라엘 기습 공격이라는 이슈로 덮기를 바랐고 점점 가까워지려는 사우디아라비아와 이스라엘 간의 관계를 깨고 싶었을 것이다. 러시아와 우크라이나 전쟁으로 전 세계의 시선과 이목이 그쪽으로 쏠리는 것을 중동 문제로 끌어모으고 싶었을 것이다.

카타르 도하에서 호세인 압둘라히안 이란 외무 장관(좌)과 이스마일 하니예 하마스 지도자

그런 면에서 그동안 자금과 무기를 지원하며 잘 키워온 하마스가 충분히 그 역할을 잘 감당하리라 믿었고 실제로 하마스는 그렇게 해주었다.

기습 공격의 날짜는 10월 7일, 이날은 안식일이자 4783년 초막절 마지막 날이었다. 이스라엘에서의 안식일은 그야말로 모든 것이 전면 중단된다. 전화는 걸지도 받지도 않고, 대중교통도 운행하지 않는다. 안식일은 군인들에게도 예외는 아니다. 대부분 안식일에 휴가를 가거나 레이더와 통신 장비도 평소처럼 자세히 들여다보지 않는다. 그야말로 경계의 가장 취약한 날이다.

가을 절기인 초막절은 이스라엘의 절기 중 가장 즐거운 축제다. 일주일 동안 집 앞마당이나 베란다에 초막을 만들어 놓고 자녀들과 함께 밥도 먹고 잠도 잔다. 초막 안에서 악기도 연주하고 노래도 부르며 즐겁게 보낸다. 특히 초막절 마지막 날에는 대부분 밤을 지새운다. 그렇게 즐기다가 잠이 든 새벽 6시 30분, 바로 이날을 노렸다.

특히 이날은 1973년 10월 6일에 일어난 제4차 중동 전쟁인 욤 키푸르 전쟁의 50주년 되는 날이었다. 50년 전에 일어난 욤 키푸르 전쟁은 최강의 군사력을 가졌다는 이스라엘이 이집트, 시리아, 이라크, 요르단, 모로코 등 아랍 연합군의 기습 공격으로 이스라엘 군인 2천8백여 명이 전사하고 8천8백여 명이 부상을 입었으며 293명이 포로로 끌려가는 등 최악의 피해를 본 치욕의 전쟁으로 알려져 있다. 물론 이스라엘의 반격으로 아랍 연합군이 패배했지만, 하마스는 50년 전에 이스라엘에 안겨주었던 치욕을 다시 한번 맛보게 해주고 싶었을 것이다.

그래서 하마스는 이번 기습 공격을 앞두고 이스라엘과 협상을 위한 몸짓을 보이며 대화 분위기를 이끌어갔고 이스라엘은 그런 면에서 하마스에 대한 경계를 풀었던 것 같다.

하마스는 겉으로는 대화를 하자고 하면서 뒤에서는 대규모 기습 공격을 위한 치밀한 작전을 세우고 있었다. 우리는 이것이 하마스의 진짜 모습이고, 이란의 참모습이라는 것을 알아야 한다.

지금의 현상은 이스라엘과 하마스 간의 전쟁처럼 보이지만, 더 근본적인 면을 들여다보면 이스라엘과 이란의 전쟁이나 다를 바 없다.

지금 이란은 이스라엘과 하마스 간에 벌어지고 있는 전쟁을 지켜보면서 링 위에 뛰어 올라가기 위해 몸을 풀고 있는 레슬러와 같은 자세를 취하고 있다. 하마스의 기습 공격 이후 이란 전 대통령 이브라힘 라이시Ebrahim Raisi는 "하마스의 작전은 무슬림 국가들의 자존심을 높였다"고 치하하기도 했다.

**이스라엘에도
문제는 있다**

2023년 10월은 이스라엘 내부적으로도 이스라엘이 건국된 이래 가장 심각할 정도로 안보가 취약한 상황이었다. 이스라엘의 수도 예루살렘이나 경제 도시 텔아비브가 하마스의 집중 기습 공격 지역이 되지 않은 것이 천만다행이라고 생각할 정도로 이스라엘의 상황은 심각했다. 어쩌면 이스라엘은 하마스의 기습 공격을 자초했을지도 모른다. 그 정도로 심각했다.

그 이유는 2022년 11월 총리로 취임한 베냐민 네타냐후가 추진하려던 사법 개혁이 발단이었다. 정통 유대인들이 모인 정당과 연합하여 정부를 구성하게 된 베냐민 네타냐후 내각에는 32명의 장관 자리에 19명을 정통 유대인으로 앉혔다. 이것은 네타냐후가 정부를 구성하기 위해 120석의 국회의석 중 과반수를 확보해야 하는 법 때문에 정통 유대인 정당과 연합할 수밖에 없었고 장관 자리를 요구하는 그들을 뿌리칠 수 없었다.

그 후 베냐민 네타냐후 정부는 정통 유대인들에 의한, 정통 유대인들을 위한 정통 유대인의 새로운 법률들을 제정했고, 21세기 미래를 내다봐야 하는 시점에 이스라엘은 과거 구약 시대로 돌아가는 분위기가 형성되었다. 이런 분위기와 시도에 제동을 걸기 시작한 것은 이스라엘 사법부다.

이스라엘 국회 크네셋Knesset에서 법률을 정하면 사법부가 그 법률에 대해 위헌인지 합헌인지 판단해 법률 자체를 무효화시킬 수 있는 것이 이스라엘의 입법과 사법 구조다. 헌법이 없는 이스라엘의 특성상 국회에서 기본법을 정하는데 이를 견제하기 위한 장치로 사법부가 한 번 더 판단하는 것이다.

2022년 12월에 새롭게 구성된 이스라엘 정부 내각

입법 기구인 국회에서 민주적인 방식으로 법을 만들고 제정했는데 이것을 사법부가 무효화할 수 있는 구조와 그 권한이 필요 이상으로 너무 과하다고 판단한 네타냐후 총리는(사실은 정통 유대인 의원들의 요구가 더 강력했을 것이다) 개혁이라는 이름으로 사법권의 축소라는 초강수를 들고 나왔다. 사법부

2023년 3월, 이스라엘 텔아비브에서 벌어진 사법 개혁 반대 시위

는 이에 강력히 항의하기 시작했다.

사법부의 항의는 곧바로 정통 유대인이 아닌 일반 유대인들에게도 옮겨졌고 지금까지 정상적으로 잘 작동되어 왔던 민주주의를 파괴하는 행위라며 시민들이 거리로 뛰쳐나오기 시작했다. 지난 3월부터 시작된 사법 개혁 반대 시위는 이스라엘 전국을 뒤덮었고 다른 한쪽에서는 사법 개혁 지지 시위도 일어났다.

그때부터 이스라엘에서는 매일 20여만 명의 시위대가 이스라엘 국기를 들고 거리로 나왔으며 네타냐후 총리가 가는 곳마다 길을 가로막았다. 이에 대해 미국 정부와 유럽 국가들도 이스라엘의 사법 개혁을 반대하며 우려를 표명해 왔다.

네타냐후 정부를 향한 반대 시위는 이스라엘의 자랑인 스타트업에도 불똥이 튀었다. 이스라엘에서 참신한 아이디어로 사업을 하려는 젊은 기업인들에게 투자하려는 투자금이 해외로 빠져나가기 시작하자 젊은 사업가들도 넥타이를 맨 채 거리로 나왔다. 이런 분위기는 결정적으로 군인들에게도 옮겨갔다.

여실히 드러난 안보 공백

군인들은 "우리는 이런 독재 정부를 위해 목숨을 바치고 싶지 않다"라며 훈련을 거부하기 시작했다. 이스라엘군 특성상 현역보다 예비역의 역할이 중요한데 예비역들마저도 "우리는 어떤 위험에 빠져도 훈련에 참여하지 않겠다"고 선언하였다. 이스라엘 최고의 정예 정보 부대인 8200부대도 예비역들이 훈련을 거부하고, 국내 보안 담당인 신베트와 해외 정보를 담당하는 모사드의 전·현직 인사 5백 명까지 사법 개혁 반대 연판장을 돌리기에 이르렀다. 지난 7월 21일에는 공군 소속 예비역 군인 1,142명(공군 조종사 5백 명 포함)이 복무 거부 서한을 이스라엘 방위군IDF 합참의장에게 전달했다.

여기에 요아브 갈란트Yoav Gallant 국방부 장관까지 나서서 현역과 예비역들의 사법 개혁 반대 의사에 지지를 표시하자, 네타냐후는 요아브 갈란트 국방부 장관을 경질하겠다고 나섰다. 얼마 뒤에 국방부 장관의 경질은 없던 것으로 했지만, 이스라엘은 그야말로 안보 공백 상태를 초래하게 되었다.

그런데 안보 공백을 걱정하기보다는 이스라엘에서 내란이 일어나거나, 아니면 나라가 두 쪽 나는 것이 아닌가를 더

사법 개혁에 반대하는 예비역들

걱정해야 할 판이었다. 한마디로 적들이 공격할 수 있는 기가 막힌 기회를 만들어 주고 있었다. 이런 정치적 갈등과 안보 공백보다 더 심각한 문제가 이스라엘을 뒤덮고 있었다. 바로 영적인 문제였다.

서안 지구를 향한 본격적인 박해

2022년 11월 5차 총선을 통해 베냐민 네타냐후 총리가 당수로 있는 리쿠드당이 36석을 확보하면서 제1당이 되기는 했지만, 정부를 구성할 수 있는 크네셋(이스라엘 국회) 의원 120석 중에 과반수인 61석이 되기에는 턱없이 부족했다. 네타냐후는 진보 내각이었던 이전 정부의 정통 유대인 홀대와 이스라엘에서 점점 인구가 기하급수적으로 늘어나는 정통 유대인들의 숫자를 의식해 정통 유대인 정당과 손을 잡지 않을 수 없었다. 이런 보수 연합은 정부 집권 여당이 되기에 충분했고 네타냐후를 또다시 총리의 자리에 앉게 했다. 하지만 이때부터 이스라엘의 새로운 정부는 네타냐후도 통제할 수 없을 만큼 극보수의 길로 들어서기 시작했다. 21세기 미래를 향해 나아가는 선진국 이스라엘이 아니라 흡사 구약 시대로 되돌아가는 것은 아닌가 하는 착각이 들 정도였다. 특히 팔레스타인 문제를 대할 때 더욱 그랬다.

미국을 비롯한 국제 사회가 서안 지구에 있는 유대인 정착촌을 더 이상 늘리지 말라고 요구했음에도 불구하고, 재정부 장관이자 서안 지구를 담당하는 브잘렐 스모트리치Bezalel Smotrich는 "이스라엘에서 아랍인은 모두 나가라. 이스라엘은 유대인의 땅이지 아랍인은 있을 자격이 없다"며 오히려 서안 지구의 유대인 정착촌을 더욱 확장 건설하겠다고 선포하는가 하면 팔레스타인에 있는 아랍인의 집에 불을 지른 유대인 용의자를 재판 없이 풀어주기도 했다. 스모트리치의 아내는 자기 아이가 병원에 입원할 때 이스라엘 시민권을 가진 아랍인 환자와 뒤섞여 있는 병원에 아이의 치료를 맡길 수 없다고 한 사실이 세상에 알려지면서 아랍인들의 공분을 샀다.

네타냐후 정부 내각에서 가장 위험한 인물은 역시 국가안보 장관을 맡은 이타마르 벤 그비르Itamar Ben-Gvir였다. 베냐민 네타냐후가 벤 그비르를 만나 성전산(아랍인에게는 알 아크사 사원Al-Aqsa Mosque) 방문을 자제해 달라고 특별히 당부했음에도 불구하고 그는 보란 듯이 1월 3일에 성전산을 방문했다. 그 자리에서 그는 "성전산은 유대인에게도 권리가 있다. 유대인은 언제든지 성전산에서 기도하고 예배하며 제사를 드릴 수 있어야 한다"는 말을 하며 13분 동안이나 머물렀다. 아랍인들이 들으면 청천벽력과 같은 말을 한 것이다. 벤 그비르는 그 후에도 두 차례 더 성전산을 방문했다.

성전산을 방문한 벤 그비르 국가안보 장관

성전산은 유대인뿐만 아니라 전 세계 무슬림에게도 매우 중요한 성지다. 벤 그비르의 성전산 방문은 분명 팔레스타인 아랍인뿐만 아니라 전 세계 무슬림의 분노를 사기에 충분했다. 유대인들이 알 아크사 사원을 더럽혔다고 여기기 때문이다. 그래서 10월 7일에 있었던 하마스의 이스라엘 기습 공격 작전명이 바로 '알 아크사 스톰'이었다.

베냐민 네타냐후 정부가 들어선 이후 이스라엘에서는 모든 것이 이토록 극단적이었다. 이러니 팔레스타인으로서는 더욱 불만과 불안이 쌓이지 않을 수 없었고 그 불만은 결국 이스라엘을 향한 테러로 이어졌다. 그리고 이에 대응하는 이스라엘군의 보복 작전이 이어졌다. 그 결과 올 초부터 9월 말까지 이스라엘군과 정착민에 의해 살해된 팔레스타인인은 227명에 달한다. 그중에 대부분(189명)은 서안 지구에서 사망했다. 이는 하마스의 기습 공격을 불러일으키는 명분을 쌓기에 충분했다.

메시아닉 유대인을 향한 극우 정부의 박해

네타냐후 극우 정부는 곧바로 이스라엘의 메시아닉 유대인들을 향해서도 비수를 꽂기 시작했다. 1948년 이스라엘 건국 이후 이토록 메시아닉 유대인들을 향한 박해와 억압이 정부 차원에서 조직적으로 진행된 적이 없었다고 느낄 정도였다.

그도 그럴 것이 영화「회복」에서 폭탄을 보내 메시아닉 유대인 일가족을 몰살시키려 했던 범인 잭 타이텔Jack Teitel

의 변호사가 공공연하게 언론 인터뷰에서 "사실 우리 모두 잭 타이텔과 같은 심정이다. 우리 모두 메시아닉 유대인들을 죽이고 싶을 것이다"라고 말해 깜짝 놀라게 한 일이 있었다. 그 변호사가 지금 네타냐후 정부에서 국가안보 장관을 맡은 벤 그비르라는 사실을 안다면 지금의 메시아닉 유대인을 향한 박해를 충분히 이해할 수 있을 것이다.

2023년 5월 28일 오전 9시, 이날은 오순절이었고 이례적으로 늦은 비가 내렸다. 이스라엘에서 내리는 비는, 특히 늦은 비는 축복의 비라고 생각을 한다. 그날 예루살렘 통곡의 벽 바로 옆 남쪽의 계단에서는 이스라엘의 회복을 기도하기 위해 수백 명의 이스라엘 메시아닉 유대인과 이들을 응원하기 위해 전 세계 그리스도인이 모였다.

이날 예배는 온라인으로 방송이 되어 전 세계에서 수백만 명이 지켜보고 있었다. 3월 초부터 이사야서 62장에 근거해 전 세계 120개 국가에서 100여 개 언어권의 1만 2천 단체가 5월 7일부터 21일 동안 약 5백만 명이 21일 금식 기도에 참여하고 있었다. 마침내 마지막 날인 5월 28일에 이들은 예루살렘에 모였다. 이날 기도 행사는 성공적으로 마치는 것 같았다.

그러나 9시 40분쯤에 행사장 입구에 수백 명의 정통 유대인이 난입해 사람들이 행사장으로 들어가는 것을 가로막았으며 "선교사는 돌아가라"고 소리 질렀다. 심지어 저지선을 뚫고 행사장으로 들어가려는 몇 명의 메시아닉 유대인을 향해 발길질하는 등 폭력까지 행사하였고 마침내는 경찰까지 시위를 제지하기 위해 동원되었다. 행사장은 순식간에 아비규환이 되고 말았다. 이날 시위에는 정통 유대인 국회의원과 현재 제3성전을 준비 중인 예루살렘 성전 연구소의 창립자도 참가했다.

더 놀라운 것은 이번 시위가 현재 예루살렘 부시장에 의해 조종되었고 그 시위 현장에 예루살렘 부시장도 함께 있었다는 사실이다. 이뿐만이 아니었다. 그로부터 한 달 후인 6월 22일 예루살렘의 킹 오브 킹스King of Kings 교회에서 메시아닉 유대인들의 연합 찬양 콘서트가 열리고 있었다. 이곳에 또 정통 유대인들이 몰려와서 시위를 시작했다. 시위대는 어린아이부터 청년, 노인에 이르기까지 연령대도 다양했고 그만큼 시위는 한층 더 과격했다. 결국 경찰까지 동원되었지만, 시위는 진정될 기미를 보이지 않았고 더욱 격렬해졌다. 이 시위 현장에도 예루살렘 부시장이자 벤 그비르와 같은 정당 소속인 아리예 킹Aryeh King이 있었다.

이제 이스라엘에서 메시아닉 유대인들을 향한 박해는 단순히 일부 과격한 정통 유대인들이 하는 것이 아니라 정부

* 예루살렘에서 수백 명의 정통 유대인이 메시아닉 유대인을 향해 폭력을 휘둘렀다.
* 예루살렘 킹오브킹스 교회 앞에서 시위하는 정통 유대인들

차원에서 이뤄지고 있다.

기독교 선교사
비자 발급 중단

이스라엘에 머무는 외국인들의 비자를 담당하는 이스라엘 내무부는 예루살렘에서 활동하는 기독교 단체 ICEJ 직원들에 대한 비자 발급을 거부해서 이스라엘에 있는 많은 기독교 선교사에게 충격을 주었다.

ICEJInternational Christian Embassy Jerusalem는 1980년대부터 전 세계 90개국 이상에서 매년 2천5백만 달러(한화 334억 이상)를 이스라엘에 기부하는 후원금으로 수백 명의 홀로코스트 생존자를 돌보고 유대인들이 이스라엘로 알리야Aliyah하는데 필요한 비용을 지원한다. 또한 콘크리트 대피소를 만들 수 있도록 지원하는 친이스라엘 국제 기독교 선교단체다.

전 세계 대부분의 언론과 수많은 사람이 이스라엘의 정책을 비난하고 이스라엘에 등을 돌릴 때도, ICEJ는 전 세계 기독교인을 대신해서 이스라엘 편에 서고, 이스라엘을 위해 기도하고, 가장 중요한 재정적 지원을 아낌없이 한 친이스라엘 단체다. 그런데도 이스라엘 내무부는 ICEJ의 구성원들에게 사전 통보도 없이 비자 발급을 거부한 것이다. 결국 이들을 이스라엘 밖으로 내쫓는 결정을 내린 것이다.

예루살렘 ICEJ의 부대표 겸 수석 대변인 데이비드 파슨스David Pawson에 따르면, 이 정책은 사전 예고도 없이 이루어졌다고 한다. 일반적으로 이스라엘에서 유대인이 아닌 사람들이, 특히 그리스도인이 머물면서 종교 활동을 하기 위해서는 이스라엘 내무부에 정식으로 기독교 단체 등록을 한 후에 A3라고 하는 1년짜리 종교 비자를 발급받아야 한다.

매년 비자를 갱신해야 하는 번거로움이 있지만, 지금까지 수십 년 동안 별문제 없이 발급되던 비자를 이번 정부가 들어서면서 갑자기 중단한 것이다. 매년 334억 원을 기부하는 국제 기독교 단체에 비자 발급을 중단했으니 다른 소수 기독교 선교단체는 불 보듯 뻔한 일이다. 사실 이스라엘 정부의 그리스도인들에 대한 거부감은 몇 달 전부터 이미 감지된 일이었다.

지난 3월, 이스라엘의 토라 연합 유대교당 의원들은 이스라엘의 유대인 성인에게 기독교 복음을 전하다가 적발되면 징역 1년, 유대인 어린이에게 복음을 전하다가 적발되거나 신고되면 징역 2년 형에 처하는 법을 제정하고 통과시키려고 했다.

이 소식을 들은 미국의 수많은 복음주의 기독교 지도자들이 베냐민 네타냐후 총리에게 항의 메일과 전화를 해서 법안 통과는 잠시 유예된 상황이다. 하지만 이 법안은 아직 폐기되지 않았고, 언제든지 다시 통과될 가능성이 있다.

2023년 봄 부활절 주간에 이스라엘 내무부는 또 이해할 수 없는 행정 명령을 했다. 안전과 화재에 대한 우려가 있다는 이유로, 예루살렘에 있는 성분묘교회의 그리스도인 방문 허용을 1만 명에서 1천8백 명으로 축소한 것이다.

이스라엘의 새로운 극우 정부는 이렇게 메시아닉 유대인, 기독교 선교사 그리고 예슈아에 대해 강한 거부감을 가지고 있으며, 관련된 사람들을 핍박하거나 이스라엘에서 내쫓으려고 한다. 그렇다면 세속 유대인은 어떠할까?

세속 유대인의
극심한 도덕적 타락

한마디로 이스라엘의 세속 유대인들의 도덕적 타락은 그 옛날 소돔과 고모라 못지않을 정도다. 2023년 10월 7일, 하마스의 기습 공격으로 그 자리에서 260명이 사망하고 1백여 명이 납치된 곳이 가자 지구 바로 옆 광야에서 열린 노바 음악 축제 현장이다. 이곳에서 10월 6일부터 7일까지 1박 2일 동안 약 3~4천 명이 모여 밤새워 축제를 즐겼다. 이 축제는 단순한 음악 축제로 보기 어렵다. 이들은 대부분 술과 마약을 즐겼으며 특히 무슨 이유 때문인지 축제장 한가운데에 불상을 갖다 놓고 그 주변에서 밤새도록 마약에 취해 흐느적거리며 춤을 추었다.

하마스의 기습 공격 당시 노바 음악 축제장 한가운데에 의문의 불상이 자리잡고 있다.

마치 그 옛날 이집트를 탈출한 이스라엘 백성이 모세가 시내산에 올라간 틈을 이용해 광야에서 황금 송아지 우상을 만들어 놓았던 것처럼 말이다. 그렇게 밤새도록 흥청망청 놀다가 7일 광야의 아침 해가 뜨고 어둠이 물러갈 무렵, 가자지구에서 날아오는 패러글라이더를 보고도 이들은 위험을 감지하지 못했다. 오히려 음악 축제 관계자가 설정해 놓은 마지막 하이라이트 이벤트 정도로만 생각하고 춤을 추다가 그런 참변을 당한 것이다.

오래된 통계이지만 1991년에 조사한 바에 의하면, 신은 존재하지 않는다고 믿는 무신론자들의 비율이 동독 88퍼센트, 러시아 27퍼센트, 영국 14퍼센트, 미국 1퍼센트였다. 그리고 이스라엘은 전체 인구 중에 약 26퍼센트다. 더 놀라운 것은 그로부터 24년이 지난 2015년에 실시한 갤럽 조사에 따르면, 이스라엘 사람들의 65퍼센트가 자신을 '종교적이지 않다' 혹은 '무신론자'라고 답했다는 것이다.

이것이 오늘날 이스라엘의 영적 현실이었다. 그뿐만 아니라 텔아비브의 전체 거주자 중에 동성애자가 25퍼센트이고 심지어 이스라엘 전체 인구 중에 10퍼센트가 동성애자라는 통계까지 있다. 이스라엘에서는 매년 5월에 국제 동성애자 페스티벌이 열리고 있다. 전 세계에서 레즈비언, 게이, 성전환자, 양성애자 등이 30만 명 이상이 몰려와 이 행사에 참여한다. 행사 비용은 모두 텔아비브시에서 부담하고 있다.

하나님은 얼마나
가슴이 아프실까

　거짓의 영, 이슬람 시아파 종주국 이란은 1979년 이슬람 혁명 이후로 늘 이스라엘을 공격하겠다는 생각뿐이었다. 그래서 그들은 전 세계를 향해 거짓말을 하면서까지 핵을 개발하고, 공식적으로 확인만 되지 않았을 뿐이지 핵무기를 만들 능력까지 갖추었다. 언제든지 마음만 먹으면 이스라엘을 향해 핵을 쏠 수도, 공격할 수도 있다. 하지만 국제 사회가 이를 용납하지 않는다. 그래서 이란은 레바논에 있는 헤즈볼라 Hezbollah와 이라크에 있는 민병대 그리고 가자 지구에 있는 하마스에 무기와 재정을 지원해 주며 이를 이용해 이스라엘을 괴롭히고 싶어한다. 이란은 아직도 이번 하마스의 기습 공격에 직접적인 책임과 관련이 없다고 주장한다. 하지만 2년 전부터 하마스가 이번 공격을 위해 부지런히 땅굴을 파고 무기를 준비했다는 점, 공격 두 달 전에 레바논 베이루트에서 하마스의 지도자와 이란의 혁명수비대 지도자가 만나 작전 계획을 의논했다는 것은 분명한 사실이다.

　이스라엘은 정신을 차리고 국가안보에 더욱 고삐를 조이고 치밀한 대비 태세를 유지했어야 했다. 하지만 2022년 11월에 새로운 정부가 들어서면서부터 이번 기습 공격 전까지 지겨울 정도로 정신없이 싸우기만 했다. 여기저기서 안보 공백이 생기는 줄도 모르고 있었다. 그러면서 정통 유대인들은 예슈아를 믿는 메시아닉 유대인들 핍박에 열을 올리고 있었다.

심지어 예루살렘 구도시에 있는 비아 돌로로사Via Dolorosa 길에서 성지 순례객이 어깨에 메고 가는 십자가를 향해 정통 유대인들이 침을 뱉기까지 했다. 예수님이 로마 병사에 의해 머리에 가시관을 쓰고 대중 앞에 세워졌을 때 "저자를 십자가에 매달라"고 소리쳤던 유대인들, 십자가를 지고 골고

예루살렘의 비아 돌로로사에서 지나가는 성지 순례객에게 침을 뱉는 정통 유대인

다를 향해 올라갈 때 옆에서 침을 뱉고 조롱하던 유대인들의 모습이 2천 년이 지난 지금도 예루살렘에서 벌어지고 있었다. 우리도 이런 상황을 보면 그저 가슴이 먹먹하고 안타까운데 하나님의 마음은 어떠실까.

그들을 위해 매년 적지 않은 재정을 지원하며 사랑을 베풀고 있는 기독교 단체를 향해 "모두 필요 없으니 나가라"고 하는 정부 내각 장관들의 행태를 보면서 하나님은 또 얼마나 답답하시겠는가.

이란의 대리 세력인 하마스의 공격으로 희생당한 사람들과 그들의 가족, 인질로 끌려간 사람들과 그들의 가족이 겪고 있는 고통은 가슴 아픈 일이다. 보복 공격을 위해 가자 지구로 들어갔던 군인들, 남편과 자녀들이 무사히 돌아오기만을 기다리는 가족들의 간절한 마음 또한 말로 표현할 수 없다.

이스라엘 국민은 지금 집단적 트라우마를 겪고 있다. 누구 하나 이번 기습 공격의 아픔과 피해에 연관되지 않은 사람이 없다. 제2차 세계 대전 당시 겪어야 했던 홀로코스트 이후 가장 큰 피해였고, 1973년 욤 키푸르 전쟁 이후 적으로부터 가장 큰 피해를 입었다는 자괴감, 코로나19 바이러스로 끝없이 추락했던 경제 상황이 이제 겨우 회복되나 싶었는데 또다시 어려워지고 있는 현실을 보면서 얼마나 고통스러

하마스에 끌려간 인질들의 포스터

울까? 이스라엘은 충분히 이 어려움도 잘 극복할 것이다. 지난 2천 년 동안 잘 견뎌오지 않았던가. 지금 당장은 힘들고 어렵더라도 유대인 특유의 강한 생존력, 연대감, 자존심으로 금방 일어설 것이다.

그동안 이스라엘의 모습을 보면서 하나님은 얼마나 가슴 아프셨을까? 하나님은 벌만 내리는 분이 아니시다. 하나님은 분명히 이스라엘을 버리지 않는다고 하셨고 지금도 특별히 사랑하신다. 그래서 더더욱 이스라엘은 스스로를 돌아봐야 한다. 눈에 가려진 것들을 벗겨내고 아집을 버려야 한다. 이번 기회에 이스라엘이 영적 구원을 받았으면 좋겠다. 위기는 기회다. 이를 위해 우리 모두 기도해야 한다.

2
도대체 이스라엘군 당국은 뭘 하고 있었나?

2023년 10월 7일, 이스라엘과 하마스 간의 전쟁이 시작된 이후 3개월 동안 문이 굳게 잠긴 채 단 한 차례도 방문자가 없던 레바논 베이루트 외곽에 있는 한 사무실에 여러 사람이 나타났다. 새해가 밝은 지 얼마 되지 않은 1월 2일 아침부터 빈 사무실에 들어온 남자 중에 한 사람이 벽에 있는 스위치를 켜서 형광등을 밝히려고 하자 다른 사람이 깜짝 놀라며 손을 내저었다. 형광등을 켜지 말라는 신호다. 대신에 창문으로 다가가 밖을 살피며 따라온 사람이 없는지 한번 휘둘러보고 블라인드를 내렸다. 그러자 사무실은 잠시 어두워졌고 그제야 형광등을 켰지만, 베이루트의 불안정한 전력 사정

베이루트 무샤라피에 지역의 아파트에서 일어난 폭발 사고 현장

때문인지 그다지 밝지는 않았다. 그리고 또 다른 사람은 책상 위를 입으로 후후 불어 뽀얗게 쌓인 먼지를 날린 뒤 주머니에서 휴대전화를 꺼내 전화를 걸어 시끄럽게 통화했다. 또 어떤 사람은 담배를 꺼내 불을 붙였다. 이들이 들어온 지 얼마 되지도 않았는데 벌써 좁은 사무실 안은 담배 연기로 자욱했지만 아무도 신경 쓰지 않았다.

바로 그때였다. 와장창 유리창 깨지는 소리와 함께 사무실 안으로 로켓이 날아 들었고 이들이 모여 있는 사무실 한가운데서 로켓포가 터졌다. 사무실만 타격을 입은 것이 아니라 6층짜리 건물 전체가 타격을 입은 듯이 흔들렸고 사무실 안에 있던 일곱 명은 그 자리에서 숨졌다.

살레흐 알 아루리

　나중에 확인된 결과에 의하면 이 로켓은 건물 주변을 날고 있었던 소형 드론에서 정확히 목표물을 향해 조준되어 발사된 것이었다. 드론의 공격은 성공적이었다. 이날 목숨을 잃은 사람 중 한 명이 바로 하마스 정치국의 2인자 살레흐 알 아루리Saleh Al-Arouri였다. 그뿐만 아니라 10월 7일 전쟁 이후 이스라엘이 가장 먼저 제거해야 할 대상이 아히야 신와르와 이스마엘 하니예였는데, 이날 공격으로 이스마엘 하니예도 목숨을 잃었다.

　이 공격은 지난 3개월 동안 비어 있었던 이 사무실이 하마스 소유라는 것과 이날 그 시각에 분명히 알 아루리가 찾아온다는 것을 미리 알고 있었던 누군가의 작전이었다.

◀ 이스마엘 하니예와 아히야 신와르 ▶

알 아루리도 자신이 이스라엘의 제거 대상 우선순위라는 것을 분명히 알고 있었을 것이다. 그래서 더욱 행동과 움직임을 극비리에 했을 텐데, 어떻게 이런 정보가 흘러나갔을까? 도대체 누가 이런 극비 정보를 입수해서 드론을 이용해 제거했을까? 이는 당연히 이스라엘의 최정예 정보기관인 모사드의 치밀한 작전이었다.

그렇다. 모사드는 늘 이런 식이었다. 이스라엘의 모사드는 정보에 민감했고 정보 수집 능력과 작전 수행 능력이 뛰어났다. 그런 모사드가 왜 하마스의 기습 공격은 미리 알아차리지 못하고, 왜 방어하지 못했을까? 도무지 이해되지 않는다.

〈뉴욕 타임즈〉에 따르면 이스라엘은 하마스의 공격 계획을 1년 전부터 알고 있었다.

2023년 10월 7일, 하마스의 기습 공격을 보면서 많은 사람이 의문을 품는다. 세계 최고의 정보 능력을 갖추고 있는 모사드는 도대체 이런 사달이 일어나기 전까지 무엇을 하고 있었으며, 이스라엘에서 가장 똑똑한 젊은이들만 모인다는 최정예 8200부대는 무엇을 하고 있었을까? 어떻게 이스라엘은 속수무책으로 불과 8시간 만에 이런 끔찍한 일을 당했을까? 이들의 정보 수집 능력과 분석 능력이 알려진 것보다 실제로는 훨씬 수준에 미치지 못하는 것은 아닐까? 그동안 너무 과대 포장되었던 것은 아닐까? 군사력으로 세계 최강 대열에서 빠지지 않는 이스라엘이 어떻게 이럴 수 있을까?

나중에 밝혀진 사실에 의하면 이스라엘군 정보 당국은 하마스의 기습 공격 가능성에 대한 정보를 충분히 갖고 있었다고 한다.

그때 당시 가자 지구의 하마스가 대규모 기습 공격을 위한 광범위하고 치밀한 작전을 세우고 훈련하고 있다는 정보를 이스라엘 최정예 신호 정보 감청 부대인 8200대대 현장 20년 차 정보 부사관이 상급 부대인 이스라엘 방위군 국방 정보본부에 보고했다는 것이다. 하지만 이스라엘 방위군 국방 정보본부 담당자는 이 보고서를 환상 또는 소설이라고 평가 절하하며 무시해 버렸다.

하마스 동향 정보 보고서에 따르면 하마스가 가자 지구 주변의 이스라엘 방송 시스템을 마비시키고 주요 군사 기지를 습격한다는 구체적인 공격 내용과 초기 공격 때 이스라엘을 향해 로켓을 발사해 이스라엘군 병력을 벙커로 급히 유도한 후에 드론으로 국경 지대 철조망에 설치된 이스라엘의 보안 카메라와 자동 기관총을 파괴한다는 내용까지 자세히 적혀 있었다.

국경 철조망이 무력화되면 총을 든 무장대원들이 이스라엘 영토를 향해 패러글라이더와 오토바이 또는 도보로 이동한다는 계획이었다. 이 보고서는 마치 하마스가 직접 작성한 것처럼 10월 7일에 벌어진 하마스의 공격 형태를 놀라울 만큼 정확하게 예측하였다.

이러한 상세한 정보가 여러 차례 상급 부대에 보고되었지만, 상급 부대에서는 오히려 보고자에게 '소설 같은 보고서를 작성하지 말라'는 구두 경고까지 했다. 그뿐만 아니라 심지어 하마스의 대량 기습 공격에 대한 낌새를 민간인 해커들까지도 미리 파악하고 이스라엘 방위군에 보고했다.

해커라는 직업의 특성상 어느 특정 조직에서 근무하는 것이 부적합하므로 이스라엘의 해커 중에 일부는 군 및 안보 기구에서 화이트 해커White Hacker로 정식 계약 관계를 맺고 활동한다. 그리고 이런 민간인 해커들은 이스라엘 방위군으로부터 장비를 제공받아 2019년부터 하마스 동향을 파악해 왔었다. 당시에도 라파엘 하윤이라는 민간인 해커가 하마스의 국경 침투, 대량 학살 납치에 관한 훈련 정보를 이스라엘 방위군에 보고했지만 역시 묵살되었다. 심지어 하마스의 훈련 강도가 날이 갈수록 고조되는 것을 여러 관계 당국 채널에 보고했지만, 이스라엘 방위군은 민간 해커에게 지급한 해커 장비 수거는 물론이고, 군과 맺은 계약마저 해지해 버렸다. 또한 2023년 11월 28일 이스라엘의 TV 채널 '11'에 따르면 가자 지구 전 구역을 담당하는 사단 정보과 장교가 하마스의 국경 장벽 60여 곳의 침투 지점, 부대 장악, 민간인 학살 등에 대해 상세하게 작성한 '여리고 장벽'이라는 PT 보고 자료를 제출했다고 한다. 이 보고서에는 하마스의 침공 일이 안식일이나, 감시 초소 장병 휴가 기간 시점이 될 것이라는 구체적인 내용도 포함되어 있었다.

  그런데도 이 보고서를 받은 남부 사령부 국방 정보본부와 이스라엘 방위군 정보본부 등 상급 부대에서 '현실성 없음'으로 판단하고 하급 부대 정보 장교 보고를 모두 묵살하는 참담한 일까지 벌어졌다.

  그런가 하면 최전방에서 스마트 펜스 감시 초소를 첨단 장비로 감시하는 관측병 역시 하마스가 가자 지구 안에 이스라엘의 남부 키부츠와 똑같은 모의 훈련장까지 만들어 강도 높은 훈련을 한다고 상부에 보고했지만, 이 역시 묵살되었다. 또 하마스의 지휘관이 이스라엘 방위군 탱크 탈취, 폭파, 인질 납치 훈련을 지휘하는 장면을 포착하고 하마스가 국경 장벽의 취약함을 이용하여 침투 공작한 사례를 여러 차례 보고했지만, 이 역시 이스라엘 방위군 수뇌부가 묵살했다.

2023년 10월 7일, 하마스의 침공으로 가장 큰 희생을 치른 부대가 바로 나할 오즈Nahal Oz 감시 초소 부대였다. 이곳의 관측병은 모두 여성이다. 기습 공격 당일 17명의 관측병이 전사했고, 7명이 납치되었다.

나아마 레비가 하마스에 인질로 잡혀 지프차 위에서 피를 흘리며 묶여 있는 모습이 포착되었다.

당시 하마스가 보디캠으로 촬영한 영상 속에 두 팔이 뒤로 묶인 채 하마스의 지프에 강제로 태워지는 여성이 나오는데 바로 이 여성이 하마스의 침공 사전 징후를 포착해 상부에 보고한 감시 초소 부대원 나오미 레비다. 납치된 관측병 중에 오리 메가디시Ori Megidish는 개전 초기에 이스라엘 방위군에 의해 구출되었고 관측병 노아 마르치아노는 알 시파 병원에서 사체가 훼손된 채 발견되었다.

10월 7일 하마스의 기습 공격 당일에도 이스라엘 방위군 정보 당국, 신베트, 모사드 모두 우왕좌왕했었다는 믿지 못할 뉴스가 보도되었다. 당일 아침 하마스의 침공 징후 보고가 쇄도하자 이스라엘 방위군 합참의장, 서부 사령관, 아하론 할리바 국방정보 본부장의 부관, 신베트 국장 등이 새벽 4시에 긴급 회동을 했지만, 신베트 국장이 소규모 요원 파견으로 결론짓고 회의를 마무리했다고 현지 매체가 보도했다.

여기서 중요한 것은 이날 회동한 군 정보 수뇌부는 가자 지구 전역을 직접 책임지는 예하 부대인 가자 사단에도 아무런 지휘 경고도 하지 않았을 뿐만 아니라, 베냐민 네타냐후 총리와 갈란트 국방부 장관에게도 보고하지 않은 것으로 밝혀졌다.

아하론 할리바 IDF 국방 정보 본부장

　네타냐후 총리가 하마스의 기습 침공 이후 책임을 통감한다는 명시적인 대국민 사과를 지체한 이유가 바로 이스라엘 방위군 수뇌부의 무능함에 대한 분노로 풀이될 수 있는 대목이다. 이에 따라 아하론 할리바 이스라엘 방위군 국방 정보 본부장은 정보 실패를 책임지고 전쟁 후에 사임하겠다고 밝혔다.

　하지만 이스라엘 국민은 이들에게 관용을 베풀고 싶지 않았다. 전쟁 중에는 장수를 바꾸지 않는다는 동서고금의 군사적 금언이 있기는 하지만, "지금 당장 사임해라. 이런 무능한 지휘관으로는 전쟁을 승리로 이끌 수 없다"는 여론이 팽배했다.

이들은 10월 7일 오전 8시에 정보 회의를 재개한다고 했지만, 이미 새벽 6시 30분에 하마스 학살 침공이 시작되었다. 10월 7일 이후 시작된 이스라엘과 하마스 간의 전쟁 기간, 좀 더 엄밀히 말하면 전투기와 미사일을 이용한 이스라엘의 보복 공격으로 가자 지구 북부 지역을 거의 초토화시킨 후 지상군이 투입되기 직전, 미 국무부 장관 토니 블링컨이 이스라엘을 방문했다.

미국의 입장은 이스라엘과 하마스 간의 전쟁이 더 이상 확전되지 않기를 간절히 바랐고 그러기 위해서는 이스라엘 군의 지상전 투입을 강력히 말려야 하는 상황이었다. 이를 전달하기 위해 토니 블링컨이 이스라엘을 찾은 것이다.

이스라엘의 전쟁 내각 수뇌부와 회동한 그는 지상전이 펼쳐지면 가자 지구의 민간인뿐만 아니라 이스라엘의 군 병력도 어쩔 수 없이 많은 사상자가 나올 수밖에 없고 전쟁은 길어질 것이고 이스라엘은 비난을 피할 수 없게 될 것이라고 강력하게 피력했다.

하지만 베니 간츠 야당 대표는 한발도 물러서지 않았다. 지금 이스라엘 모든 국민은 지상전을 강력히 원하기 때문에 이스라엘은 미국의 제안을 받아들일 수 없다며 강력히 반대했다.

정말 그럴까? 베니 간츠 야당 대표의 이런 주장이 정말 이스라엘 국민의 뜻을 대변하는 것이고 하마스를 응징해야 한다는 강력한 의지의 표현이었을까?

하마스의 기습 공격 당시 우왕좌왕하면서 무능의 극치를 달렸던 문제의 할레비 이스라엘 방위군 합참의장 이하 이스라엘 방위군 국방 정보 본부장, 서부 사령관 모두 현재의 베냐민 네타냐후 정부에서 임명한 군 인사들이 아니라, 2022년 11월 5차 총선 직전에 이전 총리였던 라피드가 베니 간츠 국방부 장관 추천으로 임명한 인사라는 사실에 주목해야 한다.

바로 그들이 이토록 처절하게 무능함을 보여 준 것이다. 국민의 비난 여론은 하늘을 찔렀다. 결국 아하론 할리바 이스라엘 방위군 국방정보 본부장은 "정보 실패의 책임을 지고 사임하겠다"고 발표했다. 하지만 조건이 있었다. 전쟁이 끝난 이후에 사임하겠다는 단서가 붙었다.

그러니 전쟁이 빨리 끝나거나 장기 휴전에 들어간다면 이스라엘의 언론과 여론은 당장 문제의 고위급 군 인사와 정보 담당자들을 향한 본격적인 책임 추궁에 들어갈 것이고 책임져야 할 일들이 생기게 될 것은 불 보듯 뻔한 일이다.

그래서 베니 간츠 야당 대표는 토니 블링컨 앞에서 이스라엘 국민이 지상전 재개를 강력히 원하며 하마스가 궤멸할

가자 지구에서 전투 중인 이스라엘 군인

때까지 이 전쟁은 멈출 수 없다고 어필한 것이다. 이들은 끝까지 국가의 안보와 국민의 안전보다는 자신들의 안위가 더 우선이었던 것 같다.

물론 이번 전쟁에서 영관급 이하 일반 사병들은 잘 싸웠다. 또 전투 현장에서 전사자도 많이 발생했다. 2024년 1월 10일 현재 170여 명의 이스라엘 군인이 전사했다. 이들은 진급에 목말라하는 직업 군인이 아니라 대부분이 나라의 안보를 위해 생업을 잠시 밀어 놓고 참전해서 목숨을 바친 예비군들이었다.

그러나 오늘날 이스라엘 고위급 군 인사의 현실은 달랐다. 직업 군인이 예비군들보다 군인 정신이 더 투철하지 못했다. 맹수 같은 사자가 온순한 양떼를 이끄는 것이 아니라 이와 반대로 온순한 양떼가 사자와 같은 맹수를 지휘하는 꼴이었다.

2023년 10월 7일 하마스의 기습 공격 이후 시작된 이스라엘과 하마스 간의 전쟁은 분명 하마스 공격에 대한 보복과 인질로 끌려간 250여 명을 구출하기 위해 시작되었다. 하지만 그 이면에는 이스라엘군 수뇌부의 무능함이 숨어 있다는 것 또한 숨길 수 없는 진실이다. 이제 이스라엘군은 거듭나야 한다. 아니 이스라엘군이 아니라 군 지휘부가 정신 차려야 하고 거듭나야 한다. 그리고 이스라엘은 충분히 해낼 수 있다고 믿는다.

3

유엔 팔레스타인 난민구호기구와 하마스는 한통속이다

1월 29일 미국 〈월스트리트저널〉 기사에 따르면 가자 지구에서 활동 중인 유엔 팔레스타인 난민구호기구UNRWA 직원 중에 최소 12명이 2023년 10월 7일 이스라엘에 대한 학살 테러를 자행했던 하마스와 연계되었거나 참여했다는 보고서를 최근 이스라엘 정보기관이 미국에 전달했다고 한다.

 이스라엘의 군 정보기관은 생포된 하마스 대원을 심문하고 이들의 휴대전화 데이터를 기반으로 동선을 파악한 결과 하마스 대원과 연결되어 함께 활동해 온 유엔 팔레스타인 난민구호기구 직원 12명 중에 7명은 유엔 팔레스타인 난민구호기구가 운영하는 학교의 수학 교사들이었고, 2명은 일반 행정 교직원, 나머지 3명은 사회복지사, 창고 관리원, 행정 직원이라는 것까지 밝혀냈다. 심지어 학교에서 상담사로 근무한 유엔 팔레스타인 난민구호기구 직원은 자기 아들과 함께 이스라엘 여성을 납치한 혐의까지 받고 있다. 사회복지사 역시 이스라엘 군인의 시신 운반, 공격 당일 탄약을 분배하는 역할을 담당했다는 충격적인 내용이 밝혀졌다. 이 같은 사실이 대외적으로 알려지게 되자 유엔 팔레스타인 난민구호기구 측은 문제가 된 12명의 유엔 팔레스타인 난민구호기구 소속 교사들을 해고했다고 밝혔다.

하마스와 연계된 UNRWA 직원 12명의 신상이 공개되었다.

요아브 갈란트 이스라엘 국방부 장관은 2월 17일 자 이스라엘 언론 매체 〈Y-net〉에서 역시 하마스와 연계된 유엔 팔레스타인 난민구호기구 직원 12명의 명단과 신상을 정확히 밝혔다. 사실은 12명이 아니라 30명 이상의 조직원이 이스라엘 국경 마을과 가자 지구 인근 군사 기지에서 학살과 민간인 및 군인 납치에 적극적으로 참여했음을 보여 주는 확실한 정보를 보유하고 있다고 밝혔다. 요아브 갈란트 국방부 장관은 더 나아가서 1만 3천 명의 전체 직원 중에 12퍼센트, 즉 1,469명이 하마스 테러 단체와 연관되어 있다고까지 했다.

그러면서 10월 7일 가자 지구와 이스라엘을 연결하는 에레즈 국경Erez Check Point 검문소에서 촬영된 보안 카메라 영상을 제시했다. 이 영상에서는 팔레스타인 적신월사Red Crescent Movement 의료진이 하마스 정예 누크바 부대의 부상당한 테러리스트를 대피시키는 데 도움을 주는 모습이 담겨 있었다.

2월 10일 이스라엘 방위군 측의 발표에 의하면 가자 지구 중부에 있는 유엔 팔레스타인 난민구호기구 본부 사무실을 수색하던 중에 건물 지하에서 하마스가 파 놓은 지하 터널 입구가 발견되었고 약 700미터의 반대쪽 출구는 유엔 팔레스타인 난민구호기구가 운영하는 알 리말Al Rimal 학교와 연결되어 있었다고 한다.

이 터널 안에서는 하마스가 사용하던 RPG와 각종 부비트

랩, 수류탄 등 수많은 무기가 발견되었을 뿐만 아니라 터널 내부의 윗부분에는 전깃줄과 통신선이 연결되어 있었고, 터널의 어느 한 넓은 공간에는 수십 개의 전기 배터리와 컴퓨터 저장장치인 대형 서버가 설치되어 있었다. 하마스가 이런 설비를 운영하기 위해서 유엔 팔레스타인 난민구호기구 건물에서 모든 전기를 끌어다 쓴 것으로 확인되었다. 알 시파 병원의 지하와 하마스 터널이 연결된 것과 똑같은 형태였다. 이것은 분명히 유엔 팔레스타인 난민구호기구와 하마스가 밀착 관계를 넘어 한통속이 아니면 도저히 있을 수 없는 일이다.

이뿐만 아니다. 그동안 유엔 활동을 꾸준히 감시해 오던 IMPACT-se라는 단체는 10월 7일 하마스의 이스라엘 기습 공격 이후 지금까지 유엔 팔레스타인 난민구호기구 소속의 직원들과 교사들이 하마스와 연계되었고 어떤 지원을 했는지, 함께 무슨 활동을 했는지를 감시하고 추적하고 그 증거들을 착실히 모아 왔었다. 그 증거 중 하나가 유엔 팔레스타인 난민구호기구 소속의 교사 3천 명이 활동하는 텔레그램 단체방이다.

이 단체방에는 10월 7일 하마스가 이스라엘을 기습 공격을 하고 1천2백 명의 사지를 절단하고 집단 강간하고, 40여

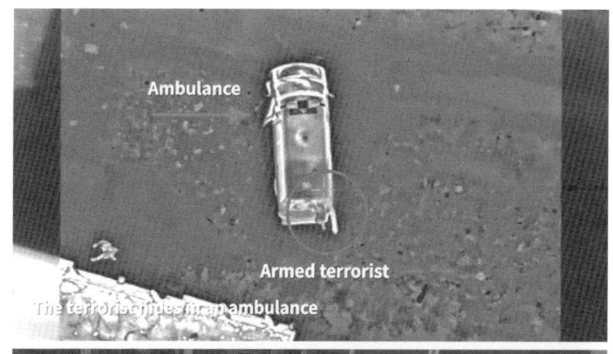

* UNRWA 구급차를 이용해 숨는 무장 테러리스트
* 하마스가 판 지하 터널 때문에 가자 지구 내 UNRWA가 운영하는 학교의 바닥이 꺼진 모습

명의 갓난아기를 참혹하게 죽인 일에 대해서 규탄하기는커녕 오히려 적극 지지할 뿐만 아니라, 교사들도 함께해야 했다는 글이 자그마치 131개나 게시되었으며 이에 동의하는 댓글이 도배되어 있었다는 것이다.

그러면서 반이스라엘과 학살을 기념하고 찬양하는 사생

대회 및 방과 후 활동을 전개했다고 한다. 유엔 팔레스타인 난민구호기구가 하마스와 연계되어 함께 활동하고 있다는 사실에 대해서 이스라엘은 전 세계 국제 사회에 꾸준히 문제를 제기해 왔다. 하지만 이런 주장에 귀를 기울이는 국제 사회 지도자들은 그다지 많지 않았다. 또 팔레스타인 당사자들과 유엔 팔레스타인 난민구호기구는 이런 이야기들이 퍼져 나가지 못하도록 조직적인 은폐 작업을 시도해 왔다.

2014년 이스라엘은 가자 분쟁 당시에도 유엔 팔레스타인 난민구호기구 소유의 구급차를 이용해 하마스의 무장 세력을 수송하고 있다는 사실을 세상에 알리고 비난했지만, 유엔 팔레스타인 난민구호기구는 터무니없는 거짓말이고 조작이라며 반박하다가 결국 이스라엘 측이 제시한 완벽한 영상 증거 앞에 시인할 수밖에 없었다.

2017년에는 유엔 팔레스타인 난민구호기구가 운영하는 초등학교 건물 지하에서 하마스의 터널을 발견했다고 베냐민 네타냐후는 주장했지만 이 또한 무시되었다.

유엔 팔레스타인 난민구호기구에서 일하는 3만 명 중 대다수가 하마스와 연관되어 있으며 이들은 이스라엘을 향한 테러를 지원하고 온라인상에서 안티 세미티즘(인종적·종교적·경제적인 이유로 유대인을 배척·절멸하려는 사상), 반유대주의 정서를 퍼트리고 있다는 사실을 이스라엘에서 꾸준히 제기했으나 세상은 귀를 기울이지 않았다. 또는 알고 있기는 하지만 유엔 소속 아랍 국가 회원들의 강력한 오일 파워로 인해 어쩔 수 없이 지원금을 나눠서 기부했을지도 모른다.

하지만 이번에는 상황이 예전과 같지 않았다. 미국의 언론도 이번 사안을 심각하게 여기고 보도했을 뿐만 아니라 유엔 감시 국제단체도 조목조목 이 같은 사실을 밝혔으니 말이다.

복마전 같은
유엔 팔레스타인 난민구호기구

유엔 팔레스타인 난민구호기구는 1948년에 벌어진 이스라엘과 아랍의 1차 중동 전쟁 이후, 집과 생계 수단을 잃고 요르단, 레바논, 시리아, 가자 지구, 동예루살렘을 포함한 서안 지구 등 다섯 곳으로 옮겨가 58개의 난민 캠프를 이루어 살아가는 팔레스타인 난민에 대해 교육과 의료 보건 서비스, 사회복지 사업 등 구호를 제공하기 위해 1949년에 설치된 인도적 구호 기구다. 현재 58개의 난민 캠프를 담당하는 유엔 팔레스타인 난민구호기구 직원이 3만 명 정도인데 특히 그중에서도 가자 지구에서 활동하는 유엔 팔레스타인 난민구호기구 직원은 1만 3천 명으로 가자 지구 안에서 가장 큰 구호 단체다. 이런 인도주의적 구호 사업을 위해 전 세계 국가들은 당연히 팔을 걷어 기부금을 모아 지원해 주고 있다.

2016년 통계에 따르면 이 기구를 위해 미국과 대한민국을 포함한 105개 국가에서 팔레스타인 난민구호기구에 돈을 보냈는데 금액으로 보면 미국이 3억 6천8백만 달러(한화 약 4천억 원)라는 통 큰 지원을 해서 세계 1위다. 그다음이 유럽연합으로 1억 5천9백만 달러, 3위는 1억 4천8백만 달러를 보낸 사우디아라비아, 심지어 팔레스타인 난민에 비해 경제적 여유가 있다고 볼 수 없는 파키스탄, 카자흐스탄까지도 난민들을 돕겠다고 돈을 보냈다. 한국도 팔레스타인 난민을 위해 1백5십9만7천 달러를 보냈다. 2014년부터 2020년까지 가자 지구에만 45억 달러(한화 5조 3천억 원)가 지원되었다.

그런데 놀랍게도 팔레스타인 난민들과 같은 종교를 가진 이슬람 국가들은 그렇지를 않았다. 전 세계에서 무슬림 숫자가 가장 많은 인도네시아는 팔레스타인 난민구호기구에 보낸 금액이 어이없게도 단 5천 달러(한화로 약 6백5십만 원)뿐이었다.

이렇게 전 세계가 팔레스타인 난민들을 위해 1년에 1조 5천억 원이나 되는, 절대로 적지 않은 돈을 보냈으면 그들의 삶은 좀 나아졌을까? 당연히 나아져야 하는 것 아닌가.

팔레스타인의 경제 사정을 독자의 이해를 돕기 위해 우리나라와 비교해 살펴보자.

한국의 2016년 1인당 국민 총소득GNI은 27,561달러였고, 팔레스타인은 1인당 국민 총소득이 3,290달러였다. 팔레스타인의 2017년도 3분기 실업률은 29.2퍼센트, 청년 실업률은 46.9퍼센트였다. 그러니까 팔레스타인 지역에서 만난 청년들의 절반은 집에서 놀고 있다는 얘기다. 그만큼 팔레스타인은 경제적으로 이루 말할 수 없을 만큼 어렵다.

전 세계로부터 일 년에 1조 5천억 원 이상의 지원을 받고도 왜 이들의 경제는 회복되지 못하는 것일까? 도대체 그 돈은 전부 어디로 가는 것일까?

2016년 5월 24일 자 〈AP 통신〉에 따르면 팔레스타인 국민 96퍼센트가 팔레스타인 정부가 정직하지 않고 부정부패가 심각하다고 생각한다는 것이다.

2014년 1분기 팔레스타인으로 들어온 발전 예산 1천8백만 달러(한화 약 2백억 원) 중에 절반 정도인 9백40만 달러(한화 약 1백억 원)가 마흐무드 압바스Mahmoud Abbas 팔레스타인 수반의 전용 비행기 예산으로 사용되었고 나머지 440만 달러는 기타 비용으로 처리되었다고 한다.

전용기에서 내리는 팔레스타인 자치 정부 수반 마흐무드 압바스

〈AP 통신〉 보도에 따르면 팔레스타인 자치 정부 고위 관료의 한 달 월급은 1만 달러, 한화로 약 1,300만 원 정도가 되는데 이 금액은 평균 공무원 월급의 10배도 넘는 돈이다. 사실 이런 상황을 알고 있었던 미국 의회 조사국도 2003년부터 팔레스타인 재정 지원에 관한 제도 개선 및 지원 중단을 요청한 바 있고 미국의 대외 원조를 담당하는 미국국제개발처USAID 역시 테러 검증을 해야 한다고 했었다. 또 회계 감사원GAO도 여러 차례 테러 재정 의혹을 지속적으로 제기했지만, 그때마다 번번이 흐지부지 무산되고 말았다.

이것이 바로 팔레스타인 난민들이 처해 있는 현실이다. 팔레스타인 난민들을 위한 돈이 정작 필요한 그들에게는 분배

되지 않고 기득권 정치 지도자들의 주머니와 배를 채우고 있다는 사실을 어떻게 이해할 수 있을까?

테러리스트 양성소가 된
유엔 팔레스타인 난민구호기구 학교

유엔 팔레스타인 난민구호기구는 1년 동안 집행하는 10억 달러 중에 절반가량을 팔레스타인 어린이들에게 평화를 가르치기 위한 교육 부분에 쓰이고 있다고 주장한다. 사실 이들의 말도 확인되었거나 믿을 수 있는 것은 아니다. 그런데 도대체 팔레스타인 어린이들에게 무엇을 가르친다는 것일까? 팔레스타인 어린이들에게 평화를 가르치기 위해 교육한다는 그들의 말은 믿을 수 없다. 실상을 들여다보면 교육 내용이 정말 충격적이다.

중동 정책연구Center for Near East Policy Research에서 제작한 다큐멘터리 영화「팔레스타인 난민 정책 : 절망에서 희망으로Palestinian Refugee Policy: From Despair to Hope」는 하마스가 팔레스타인 난민구호기구에 얼마나 깊숙이 침투해 있는지 여실히 보여 준다.

UNRWA가 제작한 교육용 교과서는 이스라엘에 대한 폭력 선동과 유대인 혐오 내용으로 가득하다.

    이 다큐멘터리에서는 유엔 팔레스타인 난민구호기구가 팔레스타인 난민 캠프에서 운영하는 학교 벽에 붙어 있는 반이스라엘 포스터를 보여 주고, 유엔 팔레스타인 난민구호기구 소속 교사들을 직접 인터뷰했다. 소속 교사들이 이스라엘과 팔레스타인 사이의 평화를 도모하는 것이 아닌, 팔레스타인 난민들을 세뇌함으로 어떻게 이스라엘을 향한 끝없는 적개심과 분노를 갖게 하는지 생생히 기록하였다.

    팔레스타인 아이들은 학교에서 하마스의 의제와 동일하게 이스라엘을 완전히 파괴하고 1948년 때 잃어버린 영토를 반드시 되찾아야 하며 이 땅으로 돌아갈 권리가 있다고 교육을 받고 있다. 교사들은 팔레스타인 어린 학생들에게 수단과 방법을 가리지 않는 폭력적인, 즉 자살 폭탄 같은 방법이 유일한 해결책이라고 가르치고 있다.

전 세계 국가들이 보낸 기부금으로 운영되는 학교는 정치적인 중립을 지켜야 한다. 그런데 이스라엘을 향해 적개심을 불러일으키고 그들의 영토를 확보하고 유대인들을 내쫓기 위한 테러를 장려하는 내용을 어린이들에게 교육해서는 안 될 일이다.

유엔 팔레스타인 난민구호기구가 운영하는 학교의 교육 내용이 이렇게 잔인할 수밖에 없는 이유는 이곳에서 일하는 사람들과 교사들 대부분이 하마스와 연계되어 있기 때문이다.

더 염려스러운 것은 팔레스타인 난민들이 생존하는데 필요한 곳에 사용하라고 보낸 구호금 상당 부분을 전쟁 무기 제조나 테러 자금으로 사용한다는 것이다.

이번 이스라엘의 가자 지구 전쟁에서도 다시 한번 여실히 드러나고 확인되었듯이 유엔 팔레스타인 난민구호기구가 운영하는 유치원과 학교 교실 지하에서 하마스가 테러를 위해 판 땅굴이 여러 개 발견되었다. 마가지초등학교Maghazi Elementary Boys School의 교사들과 직원들이 모르는 상황에서 이 거대한 터널을 만들 수 있다고 믿는 사람은 아무도 없다. 당연히 유엔 팔레스타인 난민구호기구의 직원들과 교사들은 이 터널을 통해 하마스에게 무기와 군수품을 전달해 왔다는 것도 이번 조사로 밝혀졌다.

결국 2018년, 미국의 도널드 트럼프 대통령은 선의로 보낸 구호금이 잘못 사용되는 일들이 계속된다면 보내는 의미가 없다며 유엔 팔레스타인 난민구호기구에 대한 예산 지원을 아예 끊겠다는 결정을 했다.

100여 개 나라에서 보내는 전체 기부금 중 30퍼센트에 해당하는 재정을 지원한 미국이 중단할 경우 팔레스타인 입장에서 엄청난 충격과 파장이 아닐 수 없음에도 불구하고 트럼프의 결정은 단호했다.

미국이 이렇게 나오자 2019년에는 네덜란드, 벨기에, 스위스도 유엔 팔레스타인 난민구호기구 지도부의 관리 부실과 부패가 관리 감독되지 않고 고쳐지지 않으면 자금 지원을 일시적으로 중단하겠다고 선언했다.

2021년에는 유럽연합마저 폭력적이고 테러를 조장하고 증오심만 키우는 팔레스타인 초등학교 교과 과정을 수정하지 않으면 자금 지원을 할 수 없다고 선언하기에 이른다.

전 세계가 이렇게 팔레스타인의 부정부패와 감시와 통제 받지 않는 지원금 횡령에 대해 경종을 울리고 있는데도 미국의 조 바이든 행정부는 2022년부터 지금까지 매년 1억 달러씩 지원하고 있다.

난민 지위를 이용한 불로소득

1949년 유엔 팔레스타인 난민구호기구가 출범할 당시 팔레스타인 난민은 70만 명 정도였다. 이들은 모두 1차 중동 전쟁 때 살던 집과 재산을 두고 이웃 나라인 요르단과 레바논, 시리아로 피난을 갔다. 전쟁으로 인해 집과 재산을 잃고 떠돌아다니는 난민들은 팔레스타인뿐만 아니다. 시리아 내전으로 난민이 된 사람들 그리고 러시아와 우크라이나 전쟁으로 난민이 된 사람들도 있지만, 이들은 난민의 지위를 인정하지 않는다. 하지만 팔레스타인 난민들은 예외였다. 1948년 이스라엘의 독립 전쟁으로 인해 발생한 난민들은 그 지위를 대를 이어 세습하여 지금은 유엔 팔레스타인 난민구호기구에 등록된 숫자만 해도 590만 명으로 늘어났다. 팔레스타인 난민들은 유엔 팔레스타인 난민구호기구 관할 아래 있다는 이유로 외부 구호 단체가 개입할 수 없게 만들었고, 팔레스타인 주민들은 난민 지위 대물림으로 오히려 세대를 거쳐 절대 빈곤에서 헤어 나올 수 없는 악순환의 구조가 되었다.

폼페이오 전 미국 국무부 장관은 난민 자격과 지위의 세습을 문제 삼았다. 2021년 기준으로 생존자 20만 명은 난민 기준에 부합하지 않음에도 불구하고 여전히 대대손손 법적으로 난민 지위로 인정받고 존속되고 있으며 일방적으로 국제 구호기금을 수령하고 있다고 주장했다.

이들을 계속 지원해야 하는가

팔레스타인 난민들을 위한 유엔 팔레스타인 난민구호기구가 운영되는 데 필요한 인력 3만 명, 그중에서도 가자 지구에서 활동하고 있는 유엔 팔레스타인 난민구호기구의 1만 3천 명의 인력 중에 99퍼센트는 현지 팔레스타인 사람을 채용하고 있다. 외지인보다 현지 상황과 정서를 잘 알고 있는 현지인들을 채용하는 것이 훨씬 더 효율적일 수 있고 또 직업을 창출해서 그들에게 직장을 제공한다는 측면에서는 당연한 일일지도 모른다.

하지만 적절한 감시와 통제가 이뤄지지 않는 상황에서 현지 채용은 다분히 부정 채용이 일어날 수밖에 없으며 하마스 같은 테러리스트들이 현지 직원으로 채용되거나 그들과 연계된 사람들이 채용되지 않으리라는 보장도 없다. 이것이 바로 유엔 팔레스타인 난민구호기구의 가장 큰 문제다.

그러다 보니 지금과 같이 국제 사회의 재정 지원을 받아 운영되고 있는 구호 단체가 그 순수성을 잃고 오히려 하마스와 테러리스트들이 재정 지원을 받고 활동하는 복마전이 될 수밖에 없다. 이것은 어찌 보면 당연한 결과라는 생각이 든다.

유엔 팔레스타인 난민구호기구의 자금 사용 관련과 하마스와의 연계에 대해서는 늘 잡음이 뒤따랐다. 밑 빠진 독에 물 붓듯이 구호금을 지원하지만, 그들의 삶은 도무지 나아질 기미도 보이질 않고 생산 능력은 완전히 상실한 것 같다. 더구나 무슬림 특유의 부정부패로 인해 구호금이 어디론가 사라진다는 것이 큰 문제다. 일부 몇 사람의 주머니만 채워주기에 바빴다. 아무리 유엔 팔레스타인 난민구호기구가 자체적으로 하마스와의 연계를 끊어내려 해도 근본적인 해결 방법은 없는 듯하다.

그렇다면 정말 설내적인 구호가 필요한 팔레스타인 난민들을 위한 방법이 유엔 팔레스타인 난민구호기구뿐일까? 그렇지 않다. 유엔에는 유엔 난민문제고등판무관UNHCR이라는 별도의 난민 기구가 있다. 이들은 전체 팔레스타인 난민 590만 명을 관리하기 위해 3만 명의 인력 그리고 240만 명의 가자지구 팔레스타인 난민을 위해 1만 3천 명의 인력이 투입되는 것에 비해, 전 세계 13개국의 2,940만 명의 난민을 관리하기 위해 1만 9천 명만 투입되어 있다. 유엔 팔레스타인 난민구호기구에 비해 훨씬 적은 숫자이지만, 큰 문제 없이 잘 관리되고 있다. 정말 팔레스타인 난민들을 위한 의료, 교육, 복지 사업을 하고 싶다면 이제는 필요 이상으로 많은 인력이 투입되고 인건비가 낭비되고 있는 유엔 팔레스타인 난민구호기구에 의존할 것이 아니라, 유엔 난민문제고등판무관에 맡기는 것이 옳다.

유엔 팔레스타인 난민구호기구에 등 돌리기 시작한 국제 사회

유엔 팔레스타인 난민구호기구가 하마스와 한통속이라는 사실이 다시 한번 드러나자 이제서야 국제 사회가 정신을 차리는 듯하다. 현재까지는 미국을 비롯한 독일, 영국, 프랑스, 캐나다, 호주, 이탈리아, 네덜란드, 스위스, 핀란드, 에스토니아, 일본, 오스트리아, 아이슬란드, 루마니아, 뉴질랜드 등 16개국이 기부 중단 및 보류를 결정한 상태다.

그러자 필립 라자리니Philippe Lazzarini 유엔 팔레스타인 난민구호기구 집행위원장은 일부 직원의 혐의로 자금 지원이 중단된 것은 충격적이라며 이 기구에 생존을 의존하는 2백만 명이 넘는 사람들이 집단적 처벌을 받을 이유가 없다고 지원 재개를 촉구했다. 특히 가자 지구에서 활동 중인 유엔 팔레스타인 난민구호기구 직원 수는 1만 3천여 명에 이르는데 그중에 0.0923퍼센트에 불과

필립 라자리니 UNRWA 집행위원장

한 12명을 문제 삼아 기금 지원 중단을 선언하는 것은 가혹한 처사라는 것이다.

아직도 유엔 팔레스타인 난민구호기구 소속 교원 2천 명의 노조 역시 테러 혐의가 있는 교사를 옹호하며 연판장 집회 시위를 이어 가고 있을 정도로 정신을 못 차리고 있다. 지난 2023년 10월 7일 하마스에 납치되고 가자 지구에서 50일 동안 억류되었다가 풀려난 인질들은 그동안 유엔 팔레스타인 난민구호기구 교사의 집 다락방에 억류되어 있었으며 음식이나 의료 조치를 거의 받지 못했다고 말했다.

유엔 팔레스타인 난민구호기구는 부인할 수 없는 명백한 하마스와 한통속이다. 하마스는 순수한 의도로 시작되고 그동안 국제 사회로부터 온갖 재정 지원을 받아왔던 유엔 팔레스타인 난민구호기구마저 자기들의 목적을 위해 사용하고

한통속으로 만들면서 애꿎은 590만 명의 팔레스타인 난민에게 지원되던 재정을 송두리째 발로 걷어차고 말았다. 도대체 누구를 위한 하마스인가.

    이제 한국 정부 차례다. 그동안은 유엔 팔레스타인 난민 구호기구에 재정 지원을 했지만, 이제라도 당장 중단해야 한다. 계속해서 재정을 지원한다면 이는 팔레스타인 난민을 지원하는 것이 아니라 국제 사회가 테러 집단으로 인정한 하마스를 지원하는 것과 다름없는 일이다. 북한이 지지하고 지원하는 팔레스타인, 그리고 북한의 무기들이 들어가는 하마스를 한국 정부가 돕는 것은 북한의 군사적 행동에 동의하는 것과 다를 바 없는 것이다.

4
초정통파 유대인이 거리로 뛰쳐나온 이유

2023년 10월, 하마스의 이스라엘 기습 공격으로 시작된 이스라엘과 하마스 간의 전쟁을 두고 "한 달 내로 끝날 것이다. 길어야 두 달이다"라고 주장하던 사람들도 있었고, 또 "어쩌면 일 년 이상이 걸릴지도 모른다"고 예상한 사람들도 있었다. 그러나 금방 끝날 것이라고 예측한 사람들의 생각은 보기 좋게 빗나갔고 전쟁은 해를 넘기며 장기화되고 있다.

전쟁이 장기화되면서 가자 지구의 팔레스타인 민간인 피해도 날이 갈수록 눈덩이처럼 증가하였다. 이스라엘 군인의 피해도 만만치 않다. 날이 갈수록 이스라엘 군인들의 전사자도 늘어나고 있다. 국제 사회는 이스라엘을 향해 "전쟁 범죄를 더 이상 저지르지 말고 중단하라. 이스라엘군은 가자 지구에서 철수하라"고 끊임없이 요구하고 있다. 그야말로 이스라엘은 이러지도 저러지도 못하는 사면초가에 처해 있고, 온 국민이 하나로 뭉쳐 이 난관을 헤쳐 나가야 할 상황이다. 그런데 전쟁이 시작된 지 5개월째로 넘어가는 시점에서 정통 유대인들이 예루살렘 거리로 뛰쳐나와 시위를 벌이기 시작했다.

군 징집을 반대하며 시위를 벌이는 정통 유대인 청년들

정통 유대인들의 시위는 마치 생존 문제가 걸린 듯 격렬했고 시위대 중 일부는 시위를 막으려는 이스라엘 경찰들에 의해 다치거나 질질 끌려다니는 모습이 뉴스 화면을 가득 채웠다. 그 뉴스를 바라보는 이스라엘 국민의 마음은 어떨까?

정통 유대인들이 거리로 뛰쳐나와 시위한 이유는 바로 이스라엘의 국방부 장관 요아브 갈란트의 말 한마디 때문이었다. "이제는 정통 유대인 청년들도 군 복무를 외면하지 마라. 지난 76년간 병역 의무를 면제받았고 국가 위기 상황에서도 온갖 특혜를 누린 초정통파

요아브 갈란트
이스라엘 국방부 장관

유대교 청년들도 이제는 더 이상 국가의 위기를 외면하지 말고 군 복무를 해야 한다"는 목소리를 냈기 때문이다.

많은 사람이 알다시피 이스라엘은 전쟁이나 안보적 위기 상황이 되면 남자와 여자 가리지 않고 총을 들고 나선다. 이번 하마스와의 전쟁에서도 이스라엘은 16만 명의 현역 군인들 이외도 36만 명이나 되는 예비군들이 동시에 입대하여 놀라운 저력을 보여 주었다. 심지어 외국에 체류 중이거나 여행 중이던 예비역 유대인들까지 자진 귀국하여 위기에 빠진 이스라엘을 위해 총을 들었다. 24시간 만에 36만 명의 예비군이 속속들이 모여들어 전투 현장에 투입되었고 앞장서서 작전을 펼치는 모습을 전 세계 사람들이 똑똑히 보았다.

그렇게 이스라엘의 모든 국민이 전쟁의 무게를 함께 짊어지고 있는 마당에 국방부 장관의 입장에서 왜 정통 유대인

휴식 중인 이스라엘 군인들

들만 예외가 될 수 있느냐고 한마디 한 것은 당연할 수 있다. 실제로 지난 2023년 1년 동안 초정통파 유대인 청년 6만 6천 명이 군 면제를 받았다. (물론 병역 면제를 받은 6만 6천 명의 정통 유대인 중에 5백4십 명은 전쟁 이후 입대를 결정했다고 한다.) 이 숫자는 역대 최고 기록이라고 하니 더더욱 국방부 장관이 쓴소리를 하지 않는 것이 더 이상한 일이다.

사실 이스라엘의 정통 유대인 군 복무 문제는 어제오늘의 이야기가 아니다. 이스라엘에 사는 유대인이라면 누구나 이 부분에 대해서 할 말도, 따지고 싶은 말도 많지만, 워낙 이스라엘 정통 유대인의 숫자가 많을 뿐만 아니라 잘못 건드렸다가는 성난 벌집을 건드리는 격이라서 차마 말을 못 하고 있을 뿐이다. 이스라엘에서 정통 유대인 군 복무 문제는 항상 잠재된 폭탄, 언제 어떻게 터질지 모르는 엄청난 위력의 폭발물을 끌어안고 침대에서 잠자는 상황과 다름없었다.

이것이 요아브 갈란트 국방부 장관이 정통 유대인들의 거센 반발을 충분히 예상하고도 그들의 역린을 건드릴 수밖에 없었던 이유다.

누구도 예외일 수 없는 군 복무, 그러나 예외는 있다

이스라엘은 1948년 5월 14일 독립을 선언한 날부터 76년이 지난 현재까지도 끊임없이 주변 아랍 국가들로부터 군사적 공격과 위협을 받는 나라다.

지난 2천 년 동안 나라 없이 떠돌아다니며 살아왔던 유대인들로서는 어렵게 되찾은 나라를 또다시 빼앗긴다는 것은 곧 민족 전체가 자멸한다는 절박감일 것이다. 그러다 보니 국가안보에 관해서는 전 세계 그 어느 나라보다 강력하다.

이스라엘은 국민 누구나 예외 없이 고등학교를 졸업하면 남자는 2년 7개월, 여자는 2년의 의무 복무제를 시행하고 있다. 적어도 이스라엘에서는 나라를 지키는 일에 누구도 예외가 될 수 없다. 살이 너무 쪄서 몸무게가 많이 나가는 사람도, 너무 말라서 몸무게가 적게 나가는 사람도, 시력이 너무 나빠도, 운동 신경이 떨어져도, 손가락이 절단된 사람도 군 복무에 임해야 한다.

한마디로 이스라엘에서 태어나 이스라엘 시민권을 가진 이상 군대를 피할 방법은 원천적으로 없다는 얘기다. 그렇다면 백 퍼센트 모든 이스라엘 젊은이가 군대에 가는 걸까? 예외는 없을까?

물론 예외는 있다. 이스라엘이 아닌 외국에 사는 사람은 일단 제외가 된다. 그리고 이스라엘 시민권은 있지만, 문화나 언어, 민족적 뿌리가 다른 아랍 사람들도 입영 대상자에서 제외된다. 그래서 이스라엘 시민권이 있는 아랍인들은 군 복무가 의무로 부여되지 않는다. 그뿐만 아니라 아무리 이스라엘 시민권자라 해도 남자 나이가 54세 이상이거나 여자 나이 38세 이상은 정규군에 입대할 수 없다. 임신한 여성, 아이가 있는 여성, 결혼한 여성은 정규군에 입대는 안 되고 예비군에게만 편입될 수 있다.

제일 중요한 경우가 신체적으로 장애가 있거나 정신적 장애, 자폐증, 다운증후군이 있는 청년들은 입대 의무는 없지만, 본인이 원하면 군인으로 받아들인다. 장애가 있다고 해서 군인이 될 수 없다는 것이 아니다. 그러나 이스라엘 시민권이 있으면서도 군 복무에서 제외가 되는 경우가 있는데 그들이 바로 이스라엘의 정통 유대인 청년들이다. 물론 정통 유대교 청년들도 본인이 자원해서 입대하는 것은 국가에서 거부하지는 않는다.

정통 유대인들은 왜 입대를 안 할까

이스라엘에서 정통 유대교 청년들이 군 문제에서 자유로울 수 있는 것은 1949년으로 거슬러 올라간다. 당시 이스라엘 총리였던 벤구리온은 홀로코스트로 인해 거의 끊어져 버린 예쉬바의 전통을 회복하기 위한 노력의 일환으로 정통 유대인 학생 4백 명의 입대를 면제해 주었고, 이를 계기로 풀타임으로 토라를 공부하는 학생들은 입대하지 않고 매년 징병 유예를 받기 시작했다.

그 당시만 해도 이스라엘에서 정통 유대인이 차지하는 인구 비율이 그다지 높지 않았기 때문에 별문제가 되지 않았다. 그 이후에 점점 불어나는 정통 유대인의 숫자와 더불어 군 면제를 받는 이들의 숫자 또한 늘어나자, 사회적 불만이 생기기 시작한다. 대부분의 이스라엘 청년은 한창나이에 입대하여 죽을힘을 다해 훈련을 받고 심지어 어떤 군인은 각종 작전과 전투에 투입되어 다치기도 하고 전사하기도 한다. 그래서 정통 유대인 청년들이 공부할 권리를 이용하여 징병을 피하는 것은 민주적이지 않으며 불평등하다는 것이다.

예루살렘 크네셋
전 대법원 판사 치비 탈

1998년, 급기야 군 면제를 받은 정통 유대인의 숫자가 3만 명에 이르자 이를 해결하기 위해 치비 탈Tzivi Tal 대법원장을 포함한 6명의 재판관은 정통 유대인 청년들의 군 복무 비율을 올릴 수 있는 방안을 내놓는데 이것이 2002년에 제정된 탈 법Tal Law이다.

이 법에는 정통 유대인 청년들이 군 면제를 받기 위한 조건들이 기재되어 있다. 정통 유대인 청년들이 군대에 가지 않기 위해서는 기본적으로 정통 유대교 교육 기관인 예쉬바에서 전적으로 토라 공부를 해야 하고, 월급을 받는 곳에서 일해서는 안 된다. 이 법에 따르면 풀타임 예쉬바 학생들은 군 복무를 22세까지 연기할 수 있고 22세가 되면 이들은 공부를 계속할 것인지 아니면 사회로 나가서 일할 것인지 결정해야만 한다.

2024년 3월 4일, 예루살렘의 육군 모병소 밖에서 시위 중 충돌을 겪은 초정통파 유대인들

만약에 예쉬바에서 계속해서 공부하기 원하면 입대를 면제받을 수 있지만, 40세 전에 예쉬바를 떠나면 군 복무를 해야 한다. 그리고 예쉬바가 아닌 사회에 나가 일하는 것을 선택한다면 최소 4개월 혹은 군의 요구에 따라 추가적인 병역의 의무를 지거나 또는 봉급 없이 1년 동안 공익 생활을 해야 한다.

하지만 이 법은 당시에도 정통 유대인과 일반 이스라엘 시민 모두에게 환영받지 못했다. 정통 유대인 지도자들은 이 법의 의도에 대해 비판했으며, 이스라엘 시민들은 정통 유대인의 군 복무 기간이 여전히 짧을 뿐만 아니라 법이 너무 가볍다고 비판했다.

5년마다 갱신되는 '탈 법'을 통해 군에 입대한 정통 유대인의 숫자는 변화가 거의 없었다. 2005년, 겨우 몇십 명의 정통 유대인들만 입대하는 정도였고 크네셋(이스라엘 의회)은 공식적으로 이 법이 실패했다고 인정해야 했다.

정통 유대인들이
군 복무를 거부하는 이유

이들이 입대를 거부하는 주요한 이유는 세 가지로 요약할 수 있다.

첫째, 정통 유대교 사회에서 남자의 역할은 토라를 공부하는 것이고 이를 위해 남자들은 모든 짐으로부터 온전히 자유로워야 한다는 것이다. 군대 또한 짐으로 여겨지기 때문에 군대에 갈 수가 없다는 것이다.

둘째, 이스라엘 땅에 대한 영적인 안보는 토라를 공부하는 이들의 의무이기 때문에 군대에 가야 할 이유가 없다.

셋째, 군대에 가게 되면 정통 유대인의 정체성이 흔들릴 수 있다는 두려움 때문에 정통 유대인 지도자들은 예쉬바 학생들이 군에 복무하는 것을 거부한다. 만약에 학생들이 입대해서 세속적인 동료 군인들과 함께 어울리고 생활하다 보면 세상에 눈을 뜨면서 유대교 고유의 전통이 무너질 것을 염려하여 입대 자체를 저지하는 것이다.

아이쉬 하토라 예쉬바의 시몬 헐츠 랍비Aish Hatorah Yeshiva, Shimon Hurwitz는 "예쉬바 학생들이 입대하면 세속적인 군 동료들로부터 유대교 율법을 지키는 것에 대한 반발이나 조롱을 겪을 수 있고 이를 견디며 자신의 정체성을 지키는 것은 매우 힘든 일이다"라고 말했다.

정통 유대인의 징병 문제는 이스라엘 내에서도 갈등의 역사가 깊고 아주 예민한 문제다.

남다른 정통 유대인 청년들의 삶

정통 유대인 청년들의 삶은 어떨까? 필자는 이스라엘에서 정통 유대인의 가정에서 태어나 정통 유대교 교육을 받으며 청소년기를 보내다가 청년이 된 후 정통 유대인의 생활을 벗어나 세속적인, 즉 일반적인 유대인으로 살아가는 청년과 대화를 나누면서 정통 유대인 청소년과 청년들의 생활에 대해 들은 적이 있다.

정통 유대인 청소년들은 일반 청소년들과는 달리 집에서

컴퓨터를 사용하거나 텔레비전을 볼 수가 없다. 컴퓨터를 사용하고 싶어도 집에 컴퓨터가 없어서 접할 기회가 아예 없다. 집에 텔레비전이 없으니 시청할 일도 없다. 요즘 웬만한 청소년들이라면 하나씩 갖고 있을 법한 휴대전화조차 없다.

휴대전화도 정통 유대인들만 사용하는 코셔폰이라는 것이 있는데 이 코셔폰은 인터넷 기능이 없고 통화만 할 수 있는 기초적인 통신수단이다. 세상에 대해 한창 호기심이 많을 정통 유대인 청소년들은 인터넷이나 사회관계망서비스를 통해 세상의 많은 정보를 받아들이고 세상과 소통하고 싶어도 정통 유대인이 극구 반대하고 차단한다는 것이다.

한마디로 이스라엘의 정통 유대인들은 세상과 담을 쌓고 살아가며 세상이 지금 어떻게 변화하고 어떻게 돌아가는지에 전혀 관심이 없다는 얘기다. 그런 정통 유대인 젊은이들이 군대에 가면 일반적인 이스라엘 젊은이들과 함께 먹고 잠

정통 유대인들이 사용하는 코셔폰

자고 생활할 수밖에 없다. 그러면 자연스럽게 세상 문화를 받아 드리고 그들이 지켜 온 그들만의 전통은 하루아침에 무너질 수 있음을 염려하기 때문이다.

이스라엘 내의 정통 유대인들은 이러한 이유로 오직 정부 보조금으로 생활하며 기초 학문 습득을 제외하면 평생 예쉬바에서 토라 및 토라와 관련된 문학과 역사만을 공부하며 살아간다. 남자에게 주어진 최고의 소명을 고대 유대교 경전과 율법 등을 연구하는 것이라고 여기기 때문에 일도 전혀 하지 않는다.

어린 나이에 결혼해서 많은 자녀를 출산하는 정통 유대인의 특성상 이들의 수는 이스라엘 내에서 빠른 속도로 증가하는 상황이다. 1948년 이스라엘이 건국할 당시만 해도 겨우 8천 명

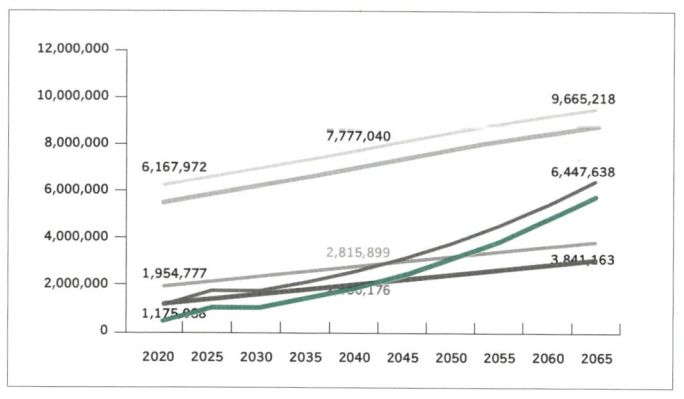

정통 유대인 인구 증가 추세 (■ 다른 유대인 ■ 아랍인 ■ 정통 유대인)

정도였던 정통 유대인의 숫자는 2020년에 1,175,000명으로 늘어나 전체 이스라엘 인구의 약 13퍼센트를 차지하고 있다. 2040년에 2,630,000명, 2060년에는 6,447,638명으로 늘어날 것으로 예상되고 있다. 그야말로 엄청난 속도의 증가율이다. 이렇듯 정통 유대인의 인구 숫자가 늘어난다는 것은 그만큼 정통 유대인 청년들의 군 복무 면제자도 늘어난다는 것과 같은 말이다.

1974년 당시만 해도 입대해야 할 전체 인구 중 2.4퍼센트 정도만 예쉬바의 학생이라는 이유로 군 면제를 받았지만, 이 숫자는 1996년 7.4퍼센트, 2012년 15퍼센트로 꾸준히 증가하고 있다. 특히 2023년 10월 7일부터 시작된 전쟁으로 16만 명 외에도 36만 명의 예비군들이 동시에 소집되다 보니 거의 모든 경제 분야가 전면 중단되는 상황이 발생했다. 국가의 세금은 전쟁 비용으로 기하급수적으로 사용될 뿐만 아니라 경제활동도 멈춰지고 일 년에 적지 않은 부분을 차지했던 관광 수입은 관광객들의 발길이 끊어지면서 국가 살림은 초비상 사태다. 국방의 의무도 감당하지 않는 정통 유대인들이 기초 생활비만 꼬박꼬박 챙겨가니 일반 국민의 불만은 날이 갈수록 커질 수밖에 없다.

정통 유대인들도 입대하라

당연히 정통 유대인 청년들의 군 면제를 반대하는 불만의 목소리가 여기저기서 터져 나오기 시작했다.

모사드 출신으로 이스라엘의 대표적인 여성 정치인 치피 리브니Tzipi Livni는 "사회적 정의는 국가적 짐과 군 복무를 함께 동등하게 나누는 것에서부터 시작된다"고 말하며 "정통 유대인의 군 면제 폐지야말로 이스라엘에 살고자 하는 자들과 시오니즘을 믿는 모

이스라엘 여성 정치인 치피 리브니

든 이들에게는 너무도 당연한 일"이라고 말했다. 또한 "정통 유대인을 유지하기 위해 세금을 사용하는 것과 나라를 지키는 군 복무 의무를 오직 이스라엘 중산층에게만 부담시키는 것은 불공평한 일"이라고 주장하기도 했다.

치피 리브니의 이런 주장은 대부분의 이스라엘 일반인에게 널리 퍼져 있는 인식에 더욱 기름을 붓는 격이 되었다. 2013년 조사에 따르면 이스라엘 국민의 71퍼센트가 이스라엘 사회의 가장 큰 갈등으로 '비종교인-종교인 간의 갈등'을 꼽을 만큼 이 문제는 이스라엘 내에서도 뜨거운 감자와 같다.

날이 갈수록 정통 유대인들을 바라보는 일반 유대인들의 불만은 커졌고 특히 예루살렘의 일반 유대인들은 더욱 심각했다. 텔아비브 같은 경제 도시에는 정통 유대인 숫자가 적어서 텔아비브의 일반 유대인이 감당해야 할 세금이 비교적 덜 하지만, 정통 유대인이 많이 사는 예루살렘의 경우 일반 유대인들의 세금 부과율은 상대적으로 높은 편이다. 이로 인한 그들의 불평불만은 하늘로 치솟을 만큼 크다.

입대도, 경제활동도 하지 않는 정통 유대인들의 인구가 계속 늘어나게 되면 이스라엘의 경제적 상황과 안보는 위기에 처할 수밖에 없을 것이다

이스라엘 재무부에 따르면 정통 유대인 인구 중 생산 연령에 해당하는 성인의 51퍼센트만이 경제활동을 하거나 경제활동에 참여하기를 희망한다. 이는 정통 유대인이 아닌 일반 유대인 성인의 경제활동 비율인 87.6퍼센트를 훨씬 밑도는 수치다.

정통 유대인의 군 면제 폐지

이러한 우려와 불만 가운데서도 이스라엘 사회에서 정통 유대인의 군 면제가 계속된 이유는 무엇일까? 그 이유는 이

스라엘의 정치 구조와 깊은 관련이 있다. 정통 유대인 젊은 이들의 입대 문제를 정치적으로 살펴보면, 120석의 의원 내각제인 이스라엘 국회 크네셋은 다수 정당과 10~20석 규모의 소수 정당이 연합하여 연립 정부를 구성한다. 아무리 의석 수를 다수 차지한 정당일지라도 120석 중에 과반수인 61석 이상을 확보하지 못하면 정권을 차지할 수 없다. 그래서 다수 정당은 소수 정당과 연합을 해서 61석 이상을 확보해야 한다. 이때 종교 정당인 샤스Shas당과 유대교 토라 연합United Torah Judaism당 같은 소수 정당과 연합을 하느냐 아니면 다른 정당과 연합하느냐에 따라서 정통 유대인 군 면제 법안이 폐지되느냐 연기되느냐가 결정되기 때문이다.

이 이야기는 지난 76년 동안 이스라엘 국회 내에서 정통 유대인 정당들의 목소리가 어느 정도 효력을 발휘해 왔다는 증거이기도 하다. 그러나 이것도 결국 한계에 다다랐다. 2017년 9월 12일, 마침내 이스라엘 고등법원은 예쉬바에서 풀타임으로 토라를 공부하는 정통 유대인에게 군 면제 혜택을 주는 것은 평등권에 어긋난다는 이유로 이 법을 폐지하려고 했다. 법이 실제로 집행되기까지 1년의 유예 기간이 주어졌지만, 정통 유대인들은 거리로 뛰쳐나와 시위에 나섰다. 이를 진압하려는 경찰에게 돌을 던지며, 길거리에 드러눕는 등 거칠게 항의하는 사태가 벌어지면서 법은 폐지될 위기에서 기사회생으로 살아남았다.

이 결정에 대해 이스라엘의 정통 유대인 정당인 샤스당과 유대교 토라 연합당 또한 이번 정통 유대인 병역 면제법을 반드시 확정할 것을 다짐한다는 견해를 밝혔을 뿐만 아니라, 당시 샤스당 지도자인 아레 데리Aryeh Deri는 "평생 토라에 헌신하기로 한 토라의 아들은 거룩한 땅 이스라엘에서 계속 토라를 공부할 것이며 세상의 어떤 것도 이들을 막을 수 없을 것"이라고 말했다.

이들의 노력과 다짐은 2022년 베냐민 네타냐후가 총리가 되는 과정에서 샤스당과 유대교 토라 연합당과 연정을 이루며 정통 유대인들의 입지와 목소리가 더욱 커지면서 이들의 앞을 가로막을 장애물이 없어졌다. 이제 법으로 영원히 정통 유대인들의 군 복무 완전 면제가 확정될 순간이 또다시 코앞으로 다가왔다. 정통 유대인들이 그렇게도 바라고 기다리던 군 병역 면제가 곧 실행될 수 있는 상황이었다.

그런데 2023년 10월 7일에 이스라엘과 하마스의 전쟁이 시작되었다. 이 전쟁으로 290여 명의 이스라엘 군인이 하마스가 설치한 부비트랩에 의해 전사하고 총과 포탄에 쓰러져 갔다. 가자 지구 안에 있는 민간인들의 사망자 숫자는 전 세계 언론에 거의 실시간으로 전해졌지만, 상대적으로 이스라엘 군인들의 부상과 전사자는 알려지지 않았다. 장기전이 되면 이스라엘 군인들의 손실도 눈덩이처럼 커질 것이다. 가자지구에서뿐만 아니라 북쪽의 헤즈볼라와의 전투에서도 이스라엘 군인들의 부상자와 전사자 숫자도 늘어만 갔다.

2023년 10월 7일 하마스의 이스라엘 기습 공격 당시 하마스에 의해 인질로 끌려갔다가 풀려난 이스라엘 군인 오리 메기디시 Ori Megidish 상병은 가자 지구에서의 인질 생활이 결코 만만치 않았고 트라우마가 있는데도 불구하고 곧바로 재입대했다는 소식을 이스라엘 언론이 전했다. 그렇게 하루하루 이스라엘 군인들은 늘 전투와 작전에 투입되어 자기 목숨이 언제 어떻게 될지 모르는 상황 속에서, 불안과 공포 속에서

이스라엘 대통령 내외와 만난 오리 메기디시 상병(가운데)

각종 훈련과 근무를 하면서 전투에 임하고 있다.

그에 비해 정통 유대인 청년들은 국가가 처해 있는 군사적 현실에 대해서는 전혀 무관하듯 지금도 여전히 검은 모자와 검은 옷을 입고 귀밑머리를 기르는 전통을 고수하면서 세상과 담을 쌓고 오직 자신들의 신앙만을 최고의 가치로 믿고 철저하게 폐쇄된 생활을 하고 있다.

이런 상황에서 2017년 9월 이스라엘 대법원이 정통 유대인들의 군 면제를 위헌으로 판결하고 이들의 군 면제를 폐지하려고 했다가 정통 유대인들의 거센 반발로 인해 관련 규정을 수정하지 못하고 계속해서 법안을 연장해 온 것이다. 그리고 이 연장된 법안이 2024년 3월로 만료될 예정이다.

그렇다면 과연 이스라엘 정부가 이 법안을 더 연장할 것인가, 말 것인가에 대해 온 국민의 관심이 쏠리지 않을 수 없는 상황이다. 그러나 2024년 3월 말에도 전쟁은 끝나지 않았다. 이런 상황에서 이스라엘군은 2024년 3월 초에 이스라엘군 장병 복무 기간을 남자 현역의 경우 2년 7개월에서 3년으로, 여성은 2년에서 3년으로, 그 외 모든 예비군 군 복무 기간도 연장하는 법안을 발의하였다. 게다가 이스라엘 인구의 13퍼센트나 되는 초정통파 유대인들이 계속해서 군 면제 받는 것이 상당히 형평성에 어긋나고 국가안보에 있어서 이들이 징집되는 것이 매우 중요하다는 목소리가 계속해서 나오고 있다.

바로 이때 요아브 갈란트 국방부 장관은 "모든 사람이 짐을 나누어서 져야 한다는 것이 이번 전쟁으로 증명됐다"면서 "지난 76년간 도달하지 못한 합의와 결정을 이제는 내려야 한다. 육체적 존재 없이는 영적 존재도 없으며, 우리가 맞닥뜨린 안보 상황은 모든 이가 함께 부담해야 한다는 것을 보여 주고 있다"는 말까지 했다.

심지어 전 이스라엘군 참모 총장 출신인 베니 간츠Benny Gantz와 가디 아이젠코트Gadi Eisenkot는 정통 유대인뿐만 아니라 이스라엘 시민권을 가진 아랍인과 모든 사회 계층이 조국을 위해 봉사해야 하며 군 복무를 이행하라는 거센 요구를 하고 나섰다.

현재 이스라엘 시민권이 있는 아랍인들은 이스라엘 인구의 20퍼센트를 차지하는데 여기에 초정통파 유대인 13퍼센트까지 더하면 사실 이스라엘을 지키는 인원은 많지 않기 때문에 형평성 문제가 대두될 만하다.

그러던 차에 2024년 3월 28일 미국 〈CNN〉에 따르면 이스라엘 대법원이 군 복무를 이행하지 않고 예쉬바에서 공부하는 징집 연령의 초정통파 유대인 청년들에 대한 정부 지원금을 4월 1일 자로 중단하라는 잠정 명령을 내렸다는 소식까지 들려왔다.

곤란해진 것은 당연히 베냐민 네타냐후 총리다. 정통 유대인 정당의 도움을 받아 연정을 이루고 정권을 차지한 네타냐후 총리 입장에서 국방부 장관의 말은 당연히 정통 유대인 정당의 반발을 불러일으키고 어쩌면 연정이 해체될 수도 있는 상황으로 몰릴 수 있기 때문이다. 만약 정통 유대인 정당이 연정에서 탈퇴하게 되면 이스라엘은 정부를 해산해야 하고 선거를 해야 하는 상황이 벌어진다. 정통 유대인 정당의 대표는 네타냐후에게 계속해서 협박을 이어갔다.

네타냐후가 계속해서 집권하고 싶다면 하루빨리 군 면제법을 통과시켜야 할 것이고 정통 유대인들을 군대에 보내면 정통 유대인 정당은 네타냐후 연정에서 빠져나가게 될 것을 각오하라는 정치적 압력이다.

그러면서 요아브 갈란트가 네타냐후를 끌어내리기 위한 연정 갈라치기를 시도하는 것이라는 정치적 이슈까지 부각하고 있다.

하지만 이스라엘 국방부는 2024년 8월부터 정통 유대인 남성들에 대한 징병 절차를 시작한다고 발표하고 말았다. 그러나 정통 유대인들의 강력한 반발을 의식했는지 요아브 갈란트 국방부 장관은 정통파 남성들을 군대에 징집하는 것은 작전상 매우 필요한 일이지만, 사회적으로 복잡한 문제를 갖고 있어서 그들이 자신들의 생활 방식을 유지할 수 있도록 허용할 것이라는 내용도 함께 밝혔다. 하지만 예상했듯이 정통 유대인의 반발은 너무도 극심했다. 정통 유대인 최고 지도자 랍비가 나서서 예쉬바 학생들이 이스라엘 방위군IDF 징병 모집소에 아예 가지도 말 것을 강력히 경고했을 뿐 아니라 군 당국의 어떠한 소집 명령에도 따르지 말 것을 경고했다.

이로써 이스라엘군은 당장 필요한 1만 명의 병력 중에 2024년에 약 3천 명 정도를 해결할 수 있게 되었다.

지금도 전쟁은 계속 이어지고 있으며 많은 이스라엘의 젊은이가 피를 흘리며 죽어가고 있는데 정통 유대인들은 아랑곳하지 않고 여전히 기도만 하겠다고 주장한다. 정통 유대인들은 지금 이스라엘을 향해서 그야말로 혼란에 혼란을 가중하는 것이다.

AD 70년에 로마에 의해 파괴되고 사라진 이스라엘이 1945년 다시 건국할 때까지 1878년이라는 그 기나긴 시간을 지나오면서도 건국의 희망을 놓치지 않고 살아왔던 것은 "너희들을 다시 불러 모으겠다"고 약속하신 하나님의 말씀을 믿고 의지했기 때문이다.

이는 결코 사람이 할 수 있는 일이 아니었다. 아무리 유대인이 똑똑하고 돈이 많다고 해서 지식과 돈으로 될 수 있는 일도 아니었다. 이를 유대인들이 모른다는 것이다. 자신들의 정치력과 노력으로 이루었다고 생각하는 것이다. 이들은 하나님께서 이스라엘 백성에게 반드시 되돌려 줄 것이라는 성경 말씀으로 인해 이루어졌다는 것을 간과하고 있다.

2천 년 동안 이방인에 의해 짓밟혔던 이스라엘 국토 회복 그리고 전 세계에 흩어진 이스라엘 백성의 회복 알리야, 이것을 이루시는 하나님의 계획은 국제 정치와 인간의 방식과는 분명히 다른 것이다.

2024년 3월 31일 예루살렘의 정통 유대인 지역인 메어 셰어림에서 이스라엘의 병역 평등을 요구하는 시위를 벌이는 예비군 시위대

5
두 국가 해법은 정말 해결책일까?

2023년 10월 7일 하마스의 이스라엘 기습 침공 이후 이스라엘은 곧바로 아이언 스워드Iron Sword라는 작전명으로 가자 지구에 보복 공격을 단행했다. 하마스의 기습 공격으로 1천 3백여 명의 자국민이 잔혹하게 살해되었고, 4천여 명의 부상자가 발생했으며 240여 명이 납치되었다. 더구나 하마스는 2023년 12월 말 100여 명의 인질만 풀어줬을 뿐 140여 명의 인질이 아직 가자 지구에 남아 있다. 이들을 구출하기 위해서는 가자 지구에서 전쟁을 할 수밖에 없었다.

　그러나 하마스가 가자 지구 땅속에 700여 킬로미터나 되는 엄청난 규모의 땅굴을 거미줄처럼 파 놓았고, 그 많은 땅굴 중 어느 곳에 숨겨 놓았을지 모르는 인질들을 찾아내기란 그야말로 바닷가 모래사장에서 바늘 찾기보다 더 어려운 일이었다. 세계 최강의 군사력을 가진 이스라엘도 쉽게 찾아내지 못했다. 전쟁은 계속되었고 가자 지구의 민간인들의 피해 역시 눈덩이처럼 증가했다.

전쟁에서는 어쩔 수 없이 민간인의 희생이 따를 수밖에 없다. 하마스의 이스라엘 기습 공격 기획자나 하마스 지도자들 역시 이것을 모를 리 없다. 하마스가 이스라엘을 기습 공격을 해서 민간인 1천3백여 명을 살해하고, 240여 명을 납치했음에도 불구하고 이스라엘이 보복 공격을 하지 않고 가자 지구의 민간인들이 피해당하지 않을 것이라고 생각하지 않았을 것이다.

그들은 그렇게 될 줄 알고도 그런 일을 저지른 것이다. 전쟁이 시작된 지 6개월이 되었지만 여전히 계속되고 있다. 가자 지구의 북쪽 지역은 거의 도시의 기능을 상실했고 사람이 살 수 없을 만큼 파괴되었다. 남쪽 지역도 역시 휴전이 될지라도 도시로서의 기능을 할 수 있을지 알 수 없을 만큼 파괴되었다.

그러자 미국은 이스라엘을 향해 "더 이상 확전하지 마라. 가자 지구에서 빨리 빠져나와라. 조건 없는 휴전을 하라"고 요구하고 나섰다. 심지어 미국 국무부 장관 토니 블링컨도 전쟁이 시작된 이후 다섯 차례나 이스라엘을 방문해서 베냐민 네타냐후를 만나 "하루빨리 전쟁을 멈춰라. 가자 지구에서 나오라"고 끊임없이 요구했다.

하마스는 지금도 가자 지구 민간인들 틈 속에 숨어서 이스라엘을 향해 로켓을 쏘고 있다. 이스라엘은 인질들을 찾지도 못하고 있는데 미국의 요구대로 전쟁을 멈춘다면 그 뒤의 가자 지구는 어떻게 되는 것일까?

이스라엘이 원하는 대로 하마스가 멸절되지 않은 상태에서 이스라엘군만 빠져나온다면 지옥 같은 가자 지구의 앞날은 어떻게 될 것인가? 과연 가자 지구는 어떤 세력에 의해 관리되고 통제되어야 할까? 과연 이스라엘군이 들어가서 가자 지구의 치안을 담당해야 할까? 아니면 이집트, 요르단, 사우디아라비아 같은 제3국의 아랍 국가가 가자 지구를 통제해야 할까? 그도 아니면 유엔이 해야 할까? 그리고 그런 방식의 관리와 통제가 효과적일까? 언제까지 해야 할까?

이 문제의 해법에 대해 미국의 조 바이든 행정부는 이스라엘에 '두 국가 해법Two States Solution'을 강력하게 제시하고 있다.

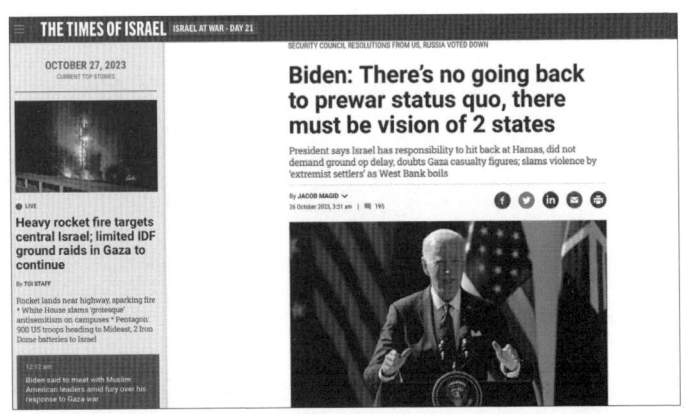

조 바이든 미국 대통령은 이스라엘을 향해 두 국가 해법을 따르라고 요구했다.

　전쟁이 시작되고 얼마 되지 않은 2023년 10월 26일에 조 바이든 대통령은 마치 기다렸다는 듯이 전쟁 이후의 이스라엘과 팔레스타인 간의 문제에 대한 비전은 '두 국가 해법'만이 유일한 해결책이라고 했다. 제이크 설리번Jacob Jeremiah Sullivan 국가안보 보좌관도 '두 국가 해법'만이 중동 문제의 유일한 해결책이라는 주장을 이어갔다.

　이런 생각은 미국뿐만이 아니었다. 2024년 2월 22일 브라질에서 열린 주요 20개국 외교장관회의에서도 이스라엘과 팔레스타인 전쟁 해결을 위해서는 '두 국가 해법'이 유일한 방법이라는 의견을 모았다. 심지어 유럽연합은 이스라엘이 '두 국가 해법'을 받아들이지 않는다면 국제법으로 제재해야 한다고까지 했다.

　사우디아라비아, 이집트 등 주요 아랍 5개국도 이스라엘에 '두 국가 해법'을 받아들이라고 압박하고 나섰다. 여기에다 사우디아라비아는 하마스가 끌고 간 인질들을 모두 가족의 품으로 돌려보내도록 설득할 테니 이스라엘은 '두 국가 해법'을 받아들이라고 회유까지 했다.

> **프레시안**
> 유럽연합, 두 국가 해법 거부하며 폭주하는 네타냐후에 제재 검토
> 이재호 기자 입력 2024.1.22. 18:11
>
> | FT "이스라엘 최대 무역 상대 EU, 네타냐후 총리에 분노"
>
> 베냐민 네타냐후 이스라엘 총리가 팔레스타인과 공존하는 이른바 '두 국가 해법'을 거부하며 강경한 태도를 보이자 유럽연합(EU)은 이스라엘에 대한 제재를 검토하고 있는 것으로 전해졌다.
>
> 21일(이하 현지시각) 영국 일간지 <파이낸셜 타임스>는 22일 개최 예정인 EU 외교장관 회의를 앞두고 회원 국가들에게 회람되는 문서에서 이같은 내용을 확인했다고 보도했다. 신문은 네타냐후 총리가 팔레스타인 국가 지위를 계속 반대할 경우 이에 대한 '결과'를 제시해야 한다는 EU 측의 제안이 담겨 있었다고 전했다.
>
> 신문이 입수한 문서에서 EU는 "평화와 안전 속에서 이스라엘과 나란히 살고 있으며, 안보와 경제 협력의 완전한 정상화와 실질적인 발전을 이루고 있는 독립적인 팔레스타인 국가"라며 두 국가 해법을 분명히 했다.

> **뉴스1**
> 유엔 사무총장 "이스라엘의 '두국가 해법' 거부, 용납 불가"
> 김성식 기자 입력 2024.1.24. 12:40

전 세계는 이스라엘에게 두 국가 해법을 받아들이라고 요구하고 있다.

　'두 국가 해법'은 이스라엘과 팔레스타인 양측이 서로의 존재와 영토를 인정하며 내정 간섭하지 않고 영토 문제로 싸우지 말고 사이좋게 잘 살라는 것이다. 정말 이스라엘과 팔레스타인은 싸우지 않고 그 땅에서 서로를 인정하며 살 수

있을까?

　그렇다면 오직 '두 국가 해법'만이 유일한 해결책일까? '두 국가 해법'은 언제부터 나온 얘기일까? 1948년 이스라엘 건국 선언 이후 곧바로 벌어진 1차 중동 전쟁에서 보기 좋게 패배한 아랍 국가들은 어떻게 하면 이스라엘을 없애고 유대인들을 그 땅에 한 사람도 남겨놓지 않고 내쫓을 수 있을까를 두고 고심의 나날을 보내고 있었다.

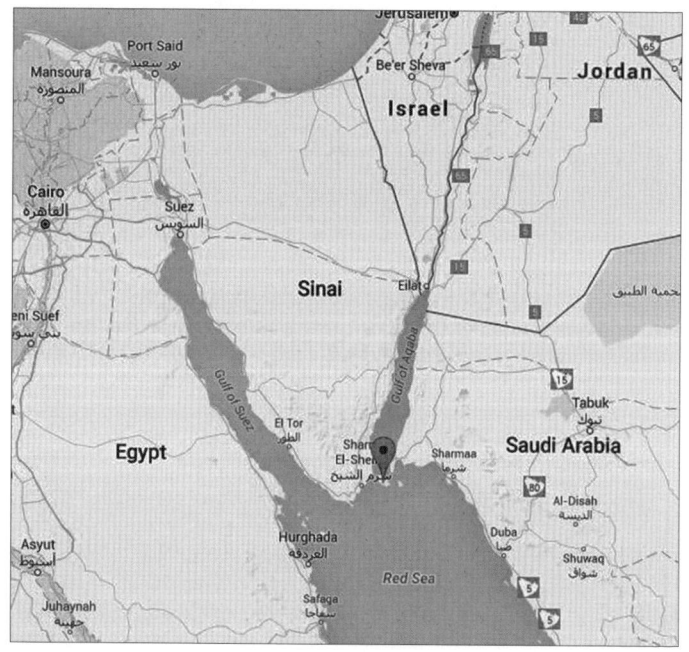

티란 해협

그러던 차에 1967년 이집트가 먼저 티란 해협을 봉쇄하며 이스라엘 남쪽의 에일랏 항구의 역할을 마비시키기 시작했다. 이집트가 티란 해협을 막아서 이스라엘 에일랏 항구의 기능을 마비시킨다면 이스라엘로서는 인도양과 태평양으로 바로 출입할 수 없고, 이스라엘 서쪽 바다인 대서양을 통해서만 아시아를 드나들 수밖에 없는 여간 곤혹스러운 일이 아니었다. 물론 이집트는 이런 점을 노리고 티란 해협을 봉쇄한 것이다. 이스라엘은 이집트의 티란 해협 봉쇄를 풀 수 있는 어떤 조치가 필요했다. 대화와 협상으로 안 된다면 군사적 방법이라도 동원해야 할 판이었다.

그리고 이스라엘은 1964년부터 물 부족 문제를 해결하기 위한 National Water Carrier Project라는 대규모 프로젝트를 진행하기에 이른다. 일 년 강수량이 300미터 겨우 넘을 정도로 심각하게 물이 부족했던 이스라엘은 국민에게 안정적인 물 공급을 해야만 하는 고민이 있었다. 그래서 생각해 낸 것이 이스라엘 북쪽에 있는 갈릴리 호수의 물을 이스라엘 전 국토, 특히 남쪽으로 연결하는 수로와 수도 파이프를 이용해 공급하는 것이었다.

그 공사는 대규모 프로젝트였음에도 불구하고 3년의 대공사 끝에 1967년에 완공을 앞두고 있었다. 공사가 완공되

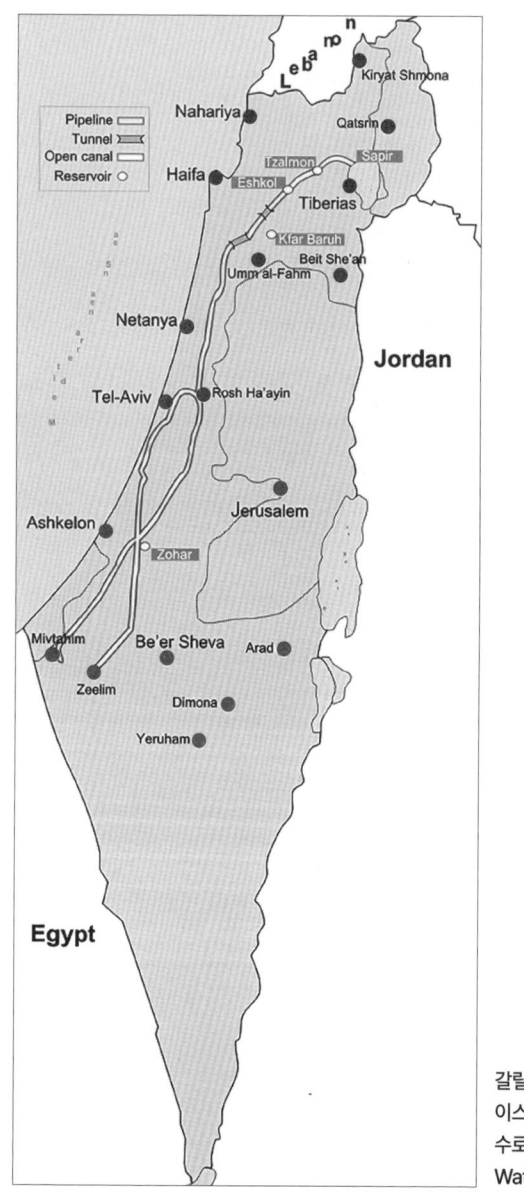

갈릴리 호수에서부터
이스라엘의 남부 지역까지
수로를 연결하는
Water Carrier Project

면 전 국토에 안정적으로 물이 공급되어서 더는 물 걱정 없이 살 수 있게 될 것이다. 이스라엘 정부가 안정적으로 물 공급을 할 수 있게 되었다는 것은 유대인들이 그 땅에서 더 안정적으로 살게 된다는 것과 같은 의미였다. 하지만 이는 주변 아랍 국가들에게 심각한 문제가 되었다.

갈릴리 호수로 유입되는 수원지는 북쪽에 있는 골란고원의 해발 2,815미터의 헐몬산 아랫부분에 있는 단Dan과 바니아스Banias였다. 헐몬산의 아랫자락에서는 엄청난 양의 물이 솟아나는데 이 샘물이 하스바니강과 바니아스강을 통해 갈릴리 호수로 유입된다. 그런데 문제는 갈릴리 호수로 유입되는 요단강의 수원지 단과 바니아스가 시리아의 영토라는 점이다.

결국 시리아의 영토에서 솟아나는 엄청난 양의 샘물이 이스라엘 영토의 갈릴리 호수로 들어가고 1967년에 완성된 워터 프로젝트로 인해 이스라엘 전체 국토를 살리는 생명수가 되고 이스라엘 국민이 먹고 마실 수 있게 하는 것이다.

그러니 당연히 시리아로서는 뭔가 단단한 대책이 필요했다. 골란고원의 샘물이 솟아나는 것을 틀어막을 방법은 없으니 갈릴리 호수로 들어가는 물길을 이스라엘의 옆 나라 요르단의 야르묵Yarmuk강으로 돌리기로 결정했다. 때늦은 결정이긴 했지만, 우선 시리아는 하스바니강과 바니아스강에 거

대한 댐을 건설하기로 했다.

　시리아의 이런 계획을 이스라엘은 이미 여러 정보를 통해 알고 있었다. 만약에 시리아가 댐 건설 공사를 성공적으로 잘 마치고 그들이 원하는 대로 물길을 요르단 쪽으로 돌리는 데 성공한다면 그래서 갈릴리 호수의 수위가 줄어들면 이스

* 수로 공사
* 이스라엘 남북으로 연결하는 파이프 공사

라엘은 엄청난 예산을 들여 완성한 거대한 수로 연결 프로젝트가 무위로 돌아갈 것이 뻔한 상황이었다.

이스라엘에서도 시리아의 이런 계획을 두고 볼 수는 없는 일이었다. 그렇다면 골란고원에서 진행되고 있는 시리아의 댐 공사를 하루빨리 중단시켜야만 했는데 그 방법은 공격을 통한 파괴였다. 그래서 더는 댐 공사나 물길을 돌리려는 시도를 무산시키는 수밖에 없었다.

이스라엘은 사면초가였다. 남쪽에서는 이집트가 티란 해협을 봉쇄해서 해상을 가로막고 있었고, 북쪽에서는 시리아가 물길을 막기 위해 공사를 진행하고 있으니 뭔가 단호한 결단이 필요했다. 그 결단은 바로 전쟁이었다.

1967년 6월 5일, 드디어 이스라엘은 이집트의 시나이반도를 향해 선제공격을 시작하면서 제3차 중동 전쟁이 시작되었다. 시나이반도를 지키고 있던 이집트 군인들은 이해할 수 없을 만큼 순식간에 무너졌고 공격이 개시된 지 하루도 안 되어 그 넓은 시나이반도의 대부분이 이스라엘의 손에 점령되었다. 이 소식을 들은 요르단과 시리아는 아랍 동맹국으로서 의리를 지키려고 했는지 이스라엘을 공격하기 시작했다. 이스라엘로서는 전선이 동시에 여러 군데로 확산되는 것이 부담되긴 했지만, 안 그래도 시리아의 골란고원 댐 공사를 공격하고 싶었는데 시리아가 자기 발로 전쟁에 끼어든 것이다. 이스라엘은 더 이상 머뭇거릴 필요 없이 골란고원을 향해 곧장 진격해 나가기 시작했다. 오른쪽에서는 요르단도 서안 지구를 통해 이스라엘을 공격해 오니 이스라엘은 동예루살렘을 시작으로 북쪽으로 라말라와 사마리아 지역 그리고 남쪽으로 베들레헴과 헤브론을 향해 차례대로 점령해 나가기 시작했다.

6일 전쟁 당시 시리아로 진격하는 이스라엘 탱크

이 전쟁은 이스라엘이 이집트의 시나이반도를 선제공격하면서 시작되었지만, 전쟁이 시작된 지 얼마 되지 않아서 의도치 않게 남쪽으로는 시나이반도(가자 지구도 포함되었다)와 오른쪽으로는 서안 지구, 북쪽으로는 골란고원까지 기다렸다는 듯이 파죽지세로 너무도 손쉽게 점령하게 되었다.

이 전쟁은 공격 개시 6일 만에 유엔의 강력한 요구에 의해 중단되었다. 하지만 이스라엘은 이미 원하는 모든 것을 다 이룬 후였다.

6일 전쟁을 통해서 이스라엘의 점령과 통치가 시작된 가자 지구와 서안 지구에 이스라엘은 유대인 정착촌을 만들기 시작했다. 그 지역에 살고 있었던 팔레스타인 아랍인들은 자신들의 신분이 바뀐 것에 대한 불만이 폭주하기 시작했다. 그리고 그 불만은 이스라엘을 향한 각종 테러로 이어졌다.

1972년, 독일 뮌헨 올림픽 당시 팔레스타인의 테러 조직 검은 구월단 Black September은 선수촌에 머물고 있던 11명의 이스라엘 선수와 감독을 전원 살해하는 일을 자행했다. 1976년에는 팔레스타인 테러리스트들이 에어 프랑스 여객기를 납치해서, 254명의 승객을 아프리카 우간다 엔테베 공항으로 끌고 갔다. 이스라엘 특공대는 인질 3명, 장교 1명의 희생을 치르기는 했지만, 전원 구출하였다.

이런 식으로 이스라엘에서는 매일 같이 팔레스타인 테러리스트에 의한 테러가 일어났고, 이스라엘 사람들은 늘 폭탄 테러의 공포 속에 살아야 했다. 그에 따라 이스라엘은 테러범을 색출하는 과정에서 보복도 멈추지 않았다.

도대체 테러와 보복 공격의 악순환은 어떻게 멈춰질 수 있을까? 국제 사회의 신문과 뉴스에서는 늘 이스라엘과 팔레스타인 간의 갈등과 테러 소식으로 장식되어 갔다. 팔레스타인을 모두 쫓아내든지 아니면 우리와 함께 평화롭게 살든지 하자는 이스라엘의 입장과 우리는 더는 너희와 함께 살 수는 없다는 팔레스타인의 주장이 팽팽하게 이어졌다. 6일 전쟁 이후 20여 년간 양쪽 모두 고통의 시간을 보내야 했다.

결국 1993년 8월, 당시 미국 대통령이었던 빌 클린턴이 이스라엘의 총리였던 이즈학 라빈과 팔레스타인 자치 정부 대표인 야세르 아라파트를 노르웨이 오슬로에 불러서 대화를 통해 뭔가 해결책을 찾아 보자고 제안한다.

그 자리에서 빌 클린턴은 "이스라엘은 팔레스타인을 정부로 인정하고 그 지역에서 이스라엘군과 정착민을 철수하라. 그리고 팔레스타인 측도 자치 정부를 세우고 대통령을 선출해서 독립 국가의 역할을 하며 더 이상 이스라엘을 향해 테러 행위를 하지 마라"고 요구한다. 그래야만 이스라엘과 팔레스타인은 갈등하지도 싸우지도 않고 사이좋게 지낼 수 있으리라는 것이다. 이 내용이 바로 '두 국가 해법'이었다.

끝내 무너진 '두 국가 해법'

빌 클린턴 대통령의 이 같은 제안에 이스라엘의 총리 이즈학 라빈과 팔레스타인의 수반이었던 야세르 아라파트는 전체 내용은 아니지만 일부분에 동의했다. 1993년 9월 13일 그들은 미국 워싱턴에 다시 모여서 이 같은 내용에 서명하게 되는데, 이것이 바로 '오슬로 평화협정'이다.

'오슬로 평화협정'의 세부 내용엔 팔레스타인 자치 지역인 서안 지구를 A구역과 B구역, C구역으로 나누었다. 서안 지구가 팔레스타인 자치 지역이기는 하지만 C구역에는 유대인 정착촌을 유지 또는 새롭게 건설할 수 있는 조항도 포함되어 있었다.

이 얼마나 극적인 장면인가? 어쩌면 온 세계가 그렇게도 기다려왔던 장면일 것이다. 드디어 그런 장면이 상상이나 희망이 아니라 실제로 이루어지는 현장을 목격하게 되다니….

전 세계는 평화협정에 사인하고 서로 악수하는 장면을 연출한 이즈학 라빈 총리와 야세르 아라파트 수반을 이 시대에 진정한 평화의 사도로 여겼고 그들의 인기는 우주 대스타로 등극할 기세로 이어졌다.

1944년에 노벨 평화상을 받은 야세르 아라파트, 시몬 페레스, 이즈학 라빈

 마침내 1994년 이스라엘의 대통령 시몬 페레스와 총리 이즈학 라빈 그리고 팔레스타인의 야세르 아라파트 세 사람은 노벨 평화상을 수상하기에 이른다.
 전 세계는 이들의 평화협정에 대해 박수치고 좋아했지만, 정작 이스라엘 국민과 팔레스타인 아랍인의 마음은 달랐다. 원래 어느 나라든 전 국민의 의견이 백 퍼센트 일치는 매우 어려운 법이다. 특히 이스라엘과 팔레스타인은 더욱 그랬다.
 지금 이스라엘과 협상을 해서 유대인들에게 땅을 나눠주고 합법적으로 유대인 정착촌을 인정하는 것은 도저히 받아들일 수 없다. 이 땅 어디에도 유대인들이 한 발짝이라도 들여놓고 살 수 있는 곳은 없다. 이스라엘은 협상의 대상이 아니라 쫓아내야 할 대상이라고 주장하면서 야세르 아라파트는 이스라엘과 미국으로부터 어떤 뇌물과 보상을 받았기에 자기 맘대로 협상안에 서명까지 했느냐며 불평불만을 표현하는 사람이 많았다. 이때 가장 큰 불만을 드러낸 집단이 바로 하마스 정파였다. 그들은 차라리 야세르 아라파트의 영향력이 미치지 않는 가자 지구로 활동 영역과 본거지를 옮기는 것이 낫겠다고 여기고 일부 하마스 대원만 서안 지구에 남겨 놓고 대부분이 가자 지구로 떠나 버렸다.

후폭풍의 강력한 반발 사태는 이스라엘도 마찬가지였다. 이즈학 라빈은 '두 국가 해법'을 반대하는 사람들로부터 "당신이 뭔데 감히 이스라엘 땅을 나누어서 팔레스타인 아랍 사람들이 합법적으로 주저앉게 하느냐. 이 땅은 하나님이 우리에게 주신 땅이기 때문에 지금 당장은 어쩔 수 없이 팔레스타인 아랍인과 함께 살지만 결국엔 이들을 모두 쫓아내야 한다. 이들의 존재를 절대로 인정할 수 없다"라는 소리가 여기저기서 터져 나왔다. 이런 주장을 하는 사람들은 대부분 정통 유대인이었다.

이즈학 라빈 역시 이들을 향해 설득을 이어갔다. "땅이 뭐가 그리 중요하냐? 땅이 우리의 안전보다 더 중요한가? 땅 때문에 얼마나 더 많은 가족이 죽어야 하는가? 얼마나 더 많은 젊은이가 땅을 지키다가 죽어가야 하는가? 땅을 조금 나누어 주는 한이 있어도 우리는 이제 안전이 필요하다."

'오슬로 평화협정'으로 이스라엘과 팔레스타인 양측이 서로 화해하고 평화롭게 지내기도 전에 먼저 팔레스타인이 두 쪽으로 갈라지고, 이스라엘도 두 쪽으로 갈라지는 상황이 펼쳐지고 있었다.

1995년 11월 4일, 텔아비브에서 이즈학 라빈의 노벨 평화상 수상을 기념하고 또 중동 평화 회담 지지 집회가 열렸다. 그날 텔아비브에 5만 명이 모이게 될 것이라는 예상과는 달리 다섯 배가 넘는 25만 명이 모였다. 정말 많은 사람이 이제는 테러를 두려워하지 않고 평화롭게 살 수 있게 되었다는 안도감과 함께 기쁜 마음으로 이날 행사에 참여한 것이다.

혹시 '두 국가 해법'에 불만을 가진 유대인들에 의해 테러 공격을 받을 수 있을지 모른다는 주변의 만류에도 불구하고 이즈학 라빈은 그날 단상에 올라가 연설했다.

"살고 싶고 사랑하고 싶은 젊은 남녀들이 나의 책임하에 오히려 죽음의 길을 걸어갔습니다. 우리 국민의 생명을 지키려다 죽어가야 했습니다. 지휘관으로서 국방부 장관으로서 나는 수많은 군사 작전을 명령했습니다. 승리의 기쁨, 사별의 슬픔과 함께 나는 언제나 그런 결정을 내린 직후의 그 순

1995년 11월 4일, 텔아비브에서 열린 평화회담 집회

간을 기억합니다. 고위 장교들이나 내각의 각료들이 천천히 자리에서 일어날 때의 그 정적, 문밖을 나서는 그들의 뒷모습, 문 닫히는 소리 그리고 홀로 남은 나를 감싸는 적막, 그때가 바로 금방 내린 결정으로 우리 국민이나 다른 나라의 국민이 죽음의 길로 내몰릴지도 모른다는 사실을 깨닫게 되는 순간이었습니다. 그러나 그들은 아직 그 사실을 모르고 있습니다. 그 시간에 그들은 여전히 웃고 있으며 여전히 이러저러한 계획을 짜고 사랑을 꿈꾸며 여전히 정원에 나무를 심거나 집을 지을 생각에 잠겨 있습니다. 그들 중 누가 죽을

운명일까요. 누구의 사진이 내일 신문에 검은 태를 두르고 나타날까요. 누구의 어머니가 곧 슬픔에 잠기게 될까요. 어느 진영이 패배로 신음하게 될까요.

팔레스타인과 싸워온 우리 이스라엘은 오늘 이 자리에서 크고 선명한 목소리로 말합니다. 피와 눈물은 지금까지로 충분합니다. 더 필요한가요? 더 많은 피와 눈물이 필요한가요? 그렇게 서로 싸우고 죽이고 찌르자고 '크고 선명하게' 외치고 싶은가요?"

이즈학 라빈의 연설은 사람들을 감동하게 하기에 충분했고 가슴에 와닿는 연설이었다. 감동적인 연설을 마치고 이즈학 라빈은 군중과 함께 '이스라엘 평화의 노래'를 부른 뒤 집회 장소를 떠나려는 순간 갑자기 누군가가 다가왔고 74세의 전쟁 영웅이었던 이즈학 라빈을 향해 총알 세 발을 발사했다.

총에 맞아 쓰러진 이즈학 라빈은 곧바로 병원으로 실려 갔지만, 다음 날 11월 5일에 세상을 떠나고 말았다. 이즈학 라빈을 향해 총을 쏜 범인은 초정통파 유대인 청년 이갈 아미르Yigal Amir였다.

이즈학 라빈 사망 이후 1996년 이스라엘에서 새로운 총리로 30대의 젊은 정치인이자 언변이 뛰어난 미국 스탠퍼드대학 출신의 강경 보수파 베냐민 네타냐후가 당선되었다.

라빈의 추모식과(왼쪽) 범인의 모습(오른쪽)

    베냐민 네타냐후는 '두 국가 해법'에 대해 강경한 반대 입장이었다. 그때부터 이즈학 라빈이 주장했던 '두 국가 해법'은 더 이상 이슈가 되지 못했고, 그 이후부터 이스라엘에서는 '두 국가 해법' 이야기는 나오지 않았다. 미국의 정치적 변화로 대통령이 바뀔 때마다 이스라엘에 대한 요구는 꾸준히 제기되었다. 특히 버락 오바마 대통령 당시에는 이스라엘에 1967년 6일 전쟁 이전으로 되돌아갈 것을 강력히 요구했고 '두 국가 해법'을 받아들이라는 요구를 끊임없이 이어갔다. 미국의 이런 요구는 도널드 트럼프 대통령의 등장으로 수면 밑으로 다시 사라졌지만, 또다시 조 바이든이 대통령이 되고 2023년 10월 7일에 전쟁이 나면서 여지없이 '두 국가 해법'

이야기를 꺼내 들었다.

'두 국가 해법'은
정말 유일한 해법일까

그렇다면 '두 국가 해법'이야말로 정말 이스라엘과 팔레스타인 간의 갈등과 전쟁을 없애기 위한 유일한 해결 방안일까? 대한민국 영토 사분의 일밖에 안 되는 작은 땅덩어리에서 이스라엘과 팔레스타인 양쪽의 영토를 정확히 구분하고 국경을 만들고 팔레스타인을 독립 국가로 인정하게 되는 '두 국가 해법'이 과연 정답일까?

겉으로 보기에는 그럴싸하고 정말 유일한 해결책처럼 보이지만, 사실 '두 국가 해법'은 여러 가지 이유로 현실성도 실현 가능성도 없다. 오히려 이스라엘과 팔레스타인 간에 더 큰 혼란과 전쟁을 불러올 수 있는 허상에 불과할 뿐이다. 그 이유를 하나씩 살펴보자.

첫 번째, 정착촌 문제다. '두 국가 해법'에 따라서 서안 지구와 가자 지구를 팔레스타인 독립 국가로 인정하게 되면 서안 지구에 있는 유대인 정착촌은 모두 철거되어야 하고 그곳에 사는 유대인들은 모두 빠져나와야 한다. 서안 지구에는 현재 130여 개의 유대인 정착촌이 건설되어 있으며 약 50만 명의 유대인이 거주하고 있다. 이들이 서안 지구를 모두 빠져 나오는 것도 현실적으로 가능하지 않지만, 이스라엘은 결코 어떤 상황에도 이들을 철수시키지 않을 것이다. 이미 2005년에 가자 지구에 거주하던 유대인들을 철수시킨 적이 있기 때문이다. 그렇게 해서 평화가 찾아오지 않는다는 것을 너무도 강력히 경험했기 때문이다.

이스라엘 경찰에 의해 강제로 쫓겨나는 가자 지구 유대인

이스라엘은 1967년 6일 전쟁 때 점령한 가자 지구에 많은 유대인이 들어가 21개의 정착촌을 건설하고 9천5백여 명이

거주하고 있었다. 그런데 가자 지구 안에서 유대인을 향한 팔레스타인 사람들의 테러와 공격이 끊이지 않았고 또 이를 막고 범인을 찾기 위한 이스라엘 군인과 경찰의 작전으로 팔레스타인 사람들의 피해가 심해지자 국제 사회는 이스라엘을 향해 끊임없이 가자 지구에서의 유대인 철수를 주장해 왔다. 결국 이스라엘은 가자 지구에서의 유대인 철수를 결정하고 말았다.

1967년, 38년 동안 갖가지 위험 속에서도 나름대로 터를 잡고 살아오던 유대인들은 가자 지구에서 철수를 강력히 거부했지만, 이스라엘 경찰들은 그들의 사지를 붙들고 강제로 끌어내 버스에 태워 빠져나온 후에 유대인들이 살던 집을 중장비로 모두 부숴 버렸다.

결국 2005년부터 가자 지구 안에는 팔레스타인 사람들과 국제 사회가 그렇게도 바라던 대로 단 한 명의 유대인도 남지 않게 되었고 유대인들을 보호하던 이스라엘 군인과 경찰도 모두 빠져나왔다. 이제부터 가자 지구와 이스라엘은 평화롭게 지낼 일만 남았다. 그러나 현실은 전혀 그렇지 않았다. 그때부터 가자 지구는 그야말로 하마스의 세상이 되었고, 이스라엘을 향한 온갖 테러와 공격의 본거지가 되었다.

유엔 팔레스타인 난민구호기구로부터 받은 지원금으로

도시를 재건하고 복지 시설을 확충하는 것이 아니라 그 돈으로 무기 재료를 사들이고 이란으로부터 받은 무기들을 차곡차곡 쌓아놓고 그때부터 이스라엘을 향해 끊임없이 로켓을 쏘았다. 어디 그뿐인가? 하마스는 가자 지구 전체를 군사 기지로 바꾸었고 땅속에는 자그마치 700킬로미터의 땅굴을 팠으며, 전쟁 중이라도 국제법상 공격을 할 수 없는 병원과 학교 건물 지하를 땅굴 입구와 연결해 놓았다. 이러한 군사 시설은 민간인 시설로 위장되어 2023년 10월 7일 이후 이스라엘과의 전쟁에서 매우 유용하게 활용되었다.

이런 상황을 확실하게 목격한 이스라엘이 서안 지구에서 유대인들을 철수시키는 실수를 또 저지르지는 않을 것이다.

만약 서안 지구에서 유대인 정착촌을 철거하고 유대인들을 모두 철수시킨다면 서안 지구는 가자 지구와 마찬가지로 이스라엘을 향한 공격의 전초기지가 될 것은 자명하다. 이스라엘로서는 늘 폭탄을 끌어안고 살아야 하는 상황이 펼쳐지게 되는 것이다.

가자 지구에서 예루살렘이나 텔아비브까지는 그나마 거리상으로 멀리 떨어져 있지만, 서안 지구는 예루살렘과 도로 하나를 두고 있다. 팔레스타인이 이스라엘을 향해 본격적으로 공격해 온다면 이를 방어할 시간은 단 1초도 없다는 것이 큰 문제다.

두 번째, 팔레스타인 난민이 귀환할 때 생기는 문제다. 1948년 5월, 이스라엘 건국 전후로 팔레스타인 아랍 사람들은 대거 빠져나가서 요르단으로 갔다. 이스라엘 건국 이전에 유엔은 이스라엘 영토와 아랍인 영토를 구분해 주었는데 각 영토에는 유대인 또는 아랍인들만 사는 것이 아니라 이스라엘 영토에도 유대인과 아랍인이 함께 살고 있었고, 아랍인 영토에도 역시 유대인들이 함께 살고 있었다. 이스라엘 영토로 구분된 구역에 살고 있었던 유대인들은 함께 살고 있었던 아랍인들에게 민족적 신분은 아랍인이지만, 이스라엘 시민권을 받고 이스라엘 시민으로 함께 살자고 제안했다.

이 제안을 받아들인 아랍인들은 지금까지 이스라엘 시민이 되어 함께 살고 있지만, 일부 아랍인들은 제안을 거부하고 주변 아랍 국가인 요르단, 레바논, 시리아, 이집트 등지로 옮겨가 피난 생활을 시작했다.

물론 이스라엘의 제안을 거부한 배경에는 주변 아랍 국가들이 이스라엘 국가 독립 선언과 동시에 이스라엘을 향해 전쟁을 개시할 것이고 그 전쟁은 개시된 지 며칠 되지 않아 아랍 국가들의 승리로 끝날 것이라고 한 호언장담이 큰 영향을 미쳤다. 전쟁을 피해 잠시 주변 아랍 국가로 피해 있다가 전쟁이 끝나고 이스라엘의 독립이 실패로 끝나면 다시 돌아가면 된다고 생각했다.

1948년 5월 14일, 이스라엘은 독립 국가로 선언했으며, 그날 밤 주변 아랍 국가들은 이스라엘을 향해 전쟁을 일으켰다. 이른바 1차 중동 전쟁 또는 이스라엘 독립 전쟁이다. 전쟁이 시작되면 며칠 내로 아랍 국가의 승리, 이스라엘의 패배로 끝날 것이라는 아랍 국가들의 큰소리와는 달리 전쟁은 10개월이나 이어졌으며, 결과는 아랍 국가들의 참패였다.

이때 당시 난민들은 금방 돌아올 줄 알고 살림살이와 가재도구 등을 집에 그대로 둔 채 몸만 빠져나갔는데 며칠이면 끝난다던 전쟁은 10개월이 지나서야 겨우 끝났다. 이스라엘의 승리로 전쟁은 끝났지만, 집으로 돌아갈 수 있는 상황은 아니었다. 그때부터 남의 나라에서 피곤한 난민 생활을 해야만 했다. 그런 난민 생활이 오늘날까지 76년을 넘기고 있다.

그러는 사이 특히 요르단에 있는 팔레스타인 난민들은 출산에 출산을 거듭하여 그 숫자가 230만 명으로 늘어났고 이는 요르단 전체 인구의 오분의 일에 해당할 정도다.

만약에 '두 국가 해법'으로 팔레스타인 국가가 독립하게 되면 요르단과 레바논 등지에서 살고 있는 팔레스타인 난민들은 당연히 팔레스타인 국가로 대거 돌아오게 될 것이다.

* 요르단에 있는 팔레스타인 난민 캠프
** 베들레헴 난민촌 입구에 장식해 놓은 거대한 열쇠

요르단에 있는 난민들뿐만 아니라 시리아, 레바논, 이집트에 살던 난민들이 한꺼번에 팔레스타인으로 들어오면 좁은 서안 지구의 혼란은 불 보듯 뻔하다. 현재도 서안 지구의 인구 밀도는 높고 별다른 경제활동을 할 수 있는 것이 없다. 그러다 보니 실업률 또한 굉장히 높다. 이곳에 난민들이 유입된

다면 팔레스타인 국가는 대혼란을 피할 수 없으며 그 혼란에 대한 불만은 곧바로 이스라엘로 향하게 될 것이 분명하다. 게다가 이들은 대부분 이스라엘에 대한 적개심이 강한 강성들이다. 당연히 그들은 지난 세월의 서러움을 갚겠다는 심정으로 이스라엘을 향한 적대적 행위를 적극적으로 표현하고 행동으로 옮길 것이다.

그래서 이스라엘의 입장은 단 한 명도 돌아오게 할 수 없다는 것이다. 또한 요르단에 사는 난민들이 팔레스타인 국가가 세워져서 돌아가고 싶다고 해도 요르단에서 이들을 쉽사리 돌려보낼지도 의문이다.

요르단 경제는 팔레스타인 난민들로 인해 돌아간다고 해도 과언이 아니기 때문이다. 그동안 요르단은 난민들이 집을 짓고 머무는 땅에 대한 임대료를 유엔으로부터 받아왔다. 그뿐만 아니라 팔레스타인 난민들은 유엔 팔레스타인 난민구호기구로부터 기초 생활비를 받아 살고 있고 그 돈들은 요르단 경제의 매우 커다란 부분을 차지하고 있다.

이런 상황에서 이들이 팔레스타인 국가로 유입된다면 요르단 경제는 그야말로 극도로 어려워질 것이 뻔하다. 그러니 요르단은 겉으로는 팔레스타인 난민들이 빨리 돌아가기를 바란다고는 하지만, 실상 속내는 그렇지 않다는 것이다. 오히려 난민들이 돌아갈 것을 염려하고 있다.

세 번째, 그들이 돌아오면 재산권 문제가 발생할 수밖에 없다. 2021년 5월에도 이스라엘과 가자 지구 하마스 간의 전쟁이 일어났었다. 이 전쟁의 원인이 바로 재산권 때문이었다.

이 전쟁은 원래 예루살렘의 쉐이크 자라Sheikh Jarrah에서 시작되었다. 앞서 설명했듯이 1947년 국제연합이 영토를 나눌 때 아랍 지역 영토에도 유대인들이 살고 있었다. 하지만 1948년 이스라엘이 독립 국가가 되면서 유대인 지역에 살던 아랍인들이 주변 국가로 난민이 되어 떠났듯이 아랍 지역에 살던 유대인들도 어쩔 수 없이 집을 그대로 두고 유대인 지역으로 넘어올 수밖에 없었다. 그런데 그 후에 아랍 사람들이 그 집에 들어가서 지금까지 70년이 넘도록 살고 있으니 유대인들 처지에선 너무나 억울했다. 그래서 집의 소유권을 돌려달라고 이스라엘 법원에 행정소송을 하였고 마침내 2021년 5월, 이스라엘 대법원에서는 원래의 소유자에게 돌려주라는 판결을 하였다. 그리고 아랍인들에게 살던 집에서 나가라고 하자 아랍인들은 너무도 황당해했다. 이유야 어찌 되었든 지난 70여 년을 잘살아오던 집에서 갑자기 나가라고 하니 가만있지 않았다. 결국 아랍인들이 들고 일어났다. 마침내 이 일이 발단되어 2021년 가자 지구의 하마스와의 전쟁으로까지 이어지게 된 것이다.

이런 상황은 아랍인에게도 벌어질 수 있다. 예전에 아랍인이 살던 집이나 땅이 그대로 있을 리 없고 분명 다른 아랍인이 들어가 살든지 아니면 그 집은 없어지고 유대인이 새로 집을 지어서 살고 있다면 돌아온 팔레스타인 사람들의 복잡한 소송이 빗발치게 될 것이다. 이스라엘과 팔레스타인 양쪽 모두 재산권을 되찾기 위한 정신 없는 소송이 벌어질 것은 자명하다.

이스라엘 법원 결정에 항의하는 쉐이크 자라의 팔레스타인 주민

네 번째, 이스라엘도 팔레스타인도 원치 않는다는 것이다. 미국을 포함한 국제 사회의 강력한 요구와는 달리 정작

당사자들인 이스라엘도 팔레스타인도 모두 두 국가 해법을 원하지 않는다. 원래 서안 지구의 많은 아랍인은 야세르 아라파트가 하려고 했던 '두 국가 해법'을 지지했지만, 이것을 받아들일 수 없다며 가자 지구로 뛰쳐나간 사람들이 하마스다.

그런 하마스가 2023년에 이스라엘을 기습 공격하면서 내건 강령이 바로 'From the River to the Sea' 요단강에서부터 지중해까지 모든 땅이 팔레스타인의 것이라는 주장이었다. 두 국가도 필요 없다. 오직 요단강에서부터 지중해까지 팔레스타인 한 국가만으로 충분하다는 얘기다. 이곳엔 단 한 명의 유대인도 발 디딜 공간이 없고 숨 쉴 공기도 허락할 수 없다는 것이다.

그렇다면 현재 서안 지구에 사는 팔레스타인 주민들 생각은 어떨까? 전쟁 직후 서안 지구 사람들을 대상으로 '전쟁이 끝난 뒤 가자 지구를 누가 관리하고 통치하는 것이 좋겠냐'는 여론조사를 실시했는데, 75퍼센트가 하마스가 통치했으면 좋겠다는 결과가 나왔다.

그리고 만약에 현 상황에서 팔레스타인 자치 정부에서 대통령 선거를 한다면 '현재 하마스 대표를 팔레스타인의 대통령으로 뽑을 것인가, 아니면 팔레스타인 자치 정부의 대표를 대통령으로 뽑을 것인가'에 대한 질문에, 전쟁 이전에는

50퍼센트가 하마스 대표를, 전쟁 이후에는 82퍼센트가 하마스 대표를 팔레스타인 자치 정부의 새로운 대통령으로 뽑았으면 좋겠다는 조사 결과가 나왔다.

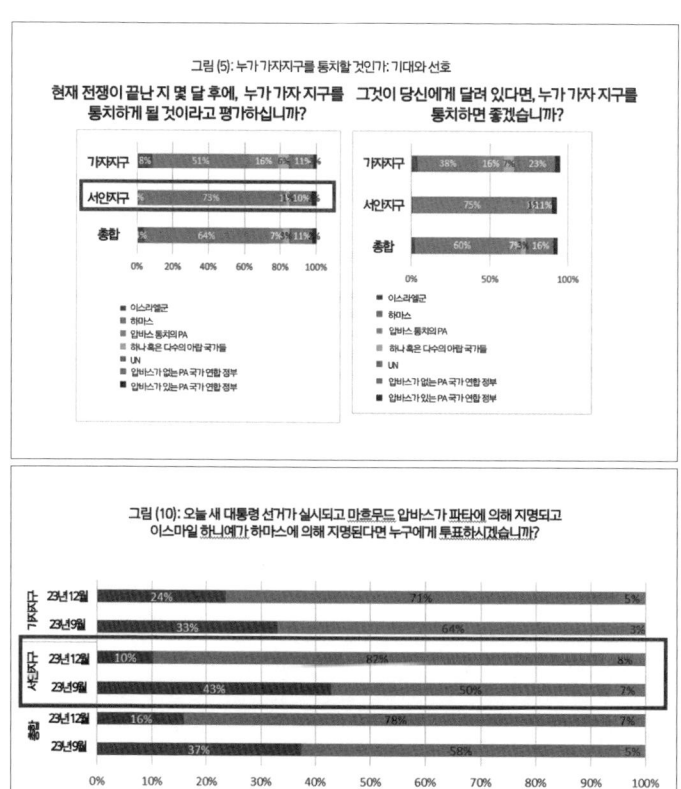

이렇게 서안 지구 사람들이 하마스를 좋아하는 것은 워낙 지금의 팔레스타인 자치 정부 지도자들이 부패했기 때문이다. 사실 부패한 건 하마스도 마찬가지지만 그래도 차라리 하마스가 낫다고 생각하는 것이다. 이 얘기는 팔레스타인 사람들도 '두 국가 해법'은 필요 없고 그냥 이스라엘을 다 쫓아내고 하마스를 중심으로 팔레스타인 국가를 만들자는 것이다.

그렇다면 이스라엘 사람들의 생각은 어떨까? 그동안 이스라엘에서도 '두 국가 해법'을 주장하던 부류들이 있었다. 특히 이스라엘 남부 지역 가자 지구 옆 키부츠에 살던 사람들은 가자 지구 팔레스타인 사람들과 함께 잘살 수 있다고 생각했었다.

그래서 가자 지구에 사는 아랍 사람들 1만 8천 명에게 이스라엘에서 일을 할 수 있도록 이스라엘 정부로부터 취업 비자 발급을 허락받았고, 이들은 아침에 검문소를 통해 가자 지구를 나와서 이스라엘 키부츠에서 일을 했다. 그리고 저녁이면 다시 가자 지구로 퇴근하는 식으로 돈벌이를 했다. 일당도 가자 지구 노동자보다 열 배 이상 높았다. '두 국가 해법'을 반대하는 사람들을 향해 "봐라, 유대인과 아랍인도 같이 잘살 수 있다"는 것을 보여 주고자 했다. 그러나 그런 시도는 이들의 엄청난 착각이었다.

이스라엘 취업 비자를 받고 키부츠에서 일했던 아랍인들은 유대인들의 배려에 감사하고 고마워하기는커녕 키부츠의 구조, 가구마다 몇 명이 사는지, 경비대장의 집은 어딘지, 대피소 위치와 무기고 위치를 세세하게 기록한 정보를 가자 지구의 하마스에 모두 넘겨준 것이다.

2023년 10월 7일, 하마스가 이스라엘을 기습 공격했을 때, 우왕좌왕하지 않고 그야말로 전광석화처럼 키부츠를 공격하고 점령할 수 있었던 것은 그들이 건네준 깨알 같은 정보 덕분이었다.

심지어 그들 중에는 하마스와 함께 키부츠에 들어와 안내자 역할을 하고 유대인들을 잔혹하게 살해하고 또 유대인 여성을 집단 강간하기까지 했다.

이것이 과연 '두 국가 해법'일까? 이번 하마스 공격으로 인해 그동안 '두 국가 해법'을 찬성하며 반드시 실행해야 한다고 주장하던 사람들의 생각이 180도 바뀌었다. 이제는 어떤 방식으로든 유대인과 아랍인이 함께 공존할 수 없다는 것을 진심으로 깨달은 것이다.

이제 더는 우리 앞에서 '두 국가 해법' 말도 꺼내지 마라. 이제 더는 팔레스타인 아랍 사람과의 대화 타협, 공존… 이런 거 필요 없다는 것이다.

다섯 번째, 팔레스타인과의 정산이 가능하지 않다는 것이다. 2023년에 이스라엘과 하마스의 전쟁이 일어난 이후 이스라엘군은 가자 지구로 들어가는 물과 전기를 차단했다. 이를 두고 국제 사회가 이스라엘이 전쟁법을 어겼고 전쟁 범죄를 저지르는 것이라며 난리를 쳤다. 아무리 전쟁 중이라도 생명과 직결된 물과 전기를 끊는 건 안 된다는 것이다.

다시 말해 그동안 서안 지구, 가자 지구 양쪽 모두 수돗물과 전기를 이스라엘에서 가져다 썼다는 것이다. 이스라엘이 일방적으로 공급하지 않으면 현실적으로 이들의 생존이 불가능하다. 실제로 1967년 6일 전쟁 이후부터 지금까지 이스라엘은 서안 지구와 가자 지구에 전기와 수돗물을 공급해 왔다. 그렇다고 해서 팔레스타인 아랍인들이 그에 상응하는 요금을 이스라엘에 지불하지도 않았다. 그렇다고 이스라엘이 무상으로 공급한 것은 아니었다. 요금 계산을 꼬박꼬박했지만, 팔레스타인은 요금을 지불하지 않고 일방적으로 달라는 요구만 해왔다. 엄밀히 말해 이스라엘이 가자 지구에 전기와 수돗물 공급을 중단하는 문제는 이스라엘의 결정에 달렸을 뿐이지 의무는 아닌 것이다.

이런 상황에서 가자 지구의 하마스는 이스라엘을 공격해서 1천3백여 명의 민간인을 잔혹하게 살해하고, 4천여 명이 부상당했으며 240여 명의 인질을 가자 지구로 끌고 갔다. 이런 가자 지구에 물과 전기를 공급할 이유가 없다. 그런데 미국과 국제 사회는 전기와 수돗물을 끊은 이스라엘을 향해서 반인도주의적이고 반인륜적 처사라며 비난만 앞세워 왔다.

팔레스타인도 '두 국가 해법'을 받아들이고 국가로 인정받으려면 그동안 이스라엘로부터 공급받았던 수돗물과 전기 요금을 정산해야 하는데 과연 그들이 무슨 능력으로 할 수 있겠는가. 그런 면에서 팔레스타인은 독립 국가 준비가 전혀 되어 있지 않다. 그런데 '두 국가 해법'으로 팔레스타인을 국가로 인정해 주기만 하면 전부 해결되는 것일까?

여섯 번째, 팔레스타인은 국가로서 조건을 갖추지 못했다. 국가가 되기 위해서는 영토와 주권 그리고 국민, 세 가지 구성 요건을 갖추어야 한다. 하지만 결정적으로 팔레스타인은 영토가 명확하지 않다. 지금은 서안 지구와 가자 지구 둘로 나뉘어져 있지만, 이들은 '강에서부터 바다까지 From the River to the Sea'를 외치고 있다. 이것은 이스라엘 전체를 자기들의 영토로 갖겠다는 주장이다. 하마스와 팔레스타인 자치 정부의 내부 정강 정책에도 역시 팔레스타인 영토를 이스라엘 전체로 규정하고 있다.

하지만 이스라엘은 이미 1948년에 독립한 국가로서 영토

'강에서부터 바다까지'를 외치는 팔레스타인 지지자들

와 주권과 국민이 명확하다. 팔레스타인은 이를 무시하고 현재 이스라엘 영토까지 모두 자기들 땅이라고 말도 안 되는 주장을 내세우고 있다. 이것은 '두 국가 해법'의 취지에 따라 이스라엘 국가의 존재도 인정해야 하는 마당에 이스라엘 영토마저 자기들 땅이라고 한다면 분명 이스라엘에 대한 주권 침탈이다.

 팔레스타인이 국제 사회로부터 분명하게 국가로 인정받기 위해서는 자기들의 영토가 어디서부터 어디까지인지를 분명하게 해야 한다. 독립 국가로 인정받기 위해서는 반드시 그 나라와 인구에 대한 통제와 권한을 행사하는 주권, 또는 통치권이 있어야 하는데 팔레스타인의 주권은 누구한테 있을까?

이런 면에서 팔레스타인은 통치 주체가 아직도 불분명하다. 여러 번 설명했듯이 가자 지구는 2007년부터 하마스가 통치하고, 서안 지구는 팔레스타인 자치 정부가 통치하고 있다. 가자 지구의 하마스는 서안 지구의 팔레스타인 자치 정부를 인정하지 않으며 서안 지구의 팔레스타인 자치 정부 역시 가자 지구의 하마스를 인정하지 않는다. 서로가 서로를 인정하지 않는 것이다.

게다가 2007년에 팔레스타인 자치 정부와 하마스가 한바탕 전쟁을 치른 뒤에는 누가 대표 주체인지도 불분명한 상태다. 지금도 팔레스타인 자치 정부 관할 교도소에는 6백 명의 하마스 정치범이 수용되어 있다.

그래서 이스라엘을 향해 하루빨리 '두 국가 해법'을 받아들이라고 요구해 왔던 미국의 토니 블링컨 국무부 장관이 하마스와 팔레스타인 자치 정부가 함께하는 임시 정부를 만들라고 제안했지만, 그렇게 하려면 팔레스타인 전체 국민을 대상으로 국민투표를 해서 적법성을 인정받아야 하는데 문제는 현재 팔레스타인 주민들이 팔레스타인 자치 정부가 아니라 하마스가 통치 주체가 되어 주기를 원한다는 것이다. 만약에 그런 일이 생기면 팔레스타인 자치 정부는 결과에 승복하지 않을 것이고 또다시 팔레스타인은 내전과 권력 쟁탈전이 벌어질 것이 뻔하다. 여하튼 쉽지 않은 문제다.

일곱 번째, 하나님께서 이스라엘을 둘로 나누지 말라고 하셨기 때문이다.

> "보라 그 날 곧 내가 유다와 예루살렘 가운데에서 사로잡힌 자를 돌아오게 할 그 때에 내가 만국을 모아 데리고 여호사밧 골짜기에 내려가서 내 백성 곧 내 기업인 이스라엘을 위하여 거기에서 그들을 심문하리니 이는 그들이 이스라엘을 나라들 가운데에 흩어 버리고 나의 땅을 나누었음이며"(욜 3:1-2)

하나님께서는 마지막 때 이스라엘 백성을 대적하는 이들을 멸절할 것이고 이스라엘을 둘로 나누는 자들은 하나님께서 용서하지 않으실 거라고 하셨다. 따라서 열국이 하나님의 땅을 나누는 행위는 하나님을 격노케 하는 일이다. 그 땅을 나누려는 자는 누구든지 하나님과 그분의 계획을 인정하지 않는 자들이고, 또한 그 땅을 다른 민족과 나눌 권리는 그 누구에게도 없다. 이스라엘의 후손들 역시 이 거룩한 땅에 대한 그저 청지기로서 이곳에 있을 권리가 그들에게 주어졌을 뿐이다. 하나님께서는 이스라엘을 둘러싼 나라들에 다른 땅들을 나눠 주셨을 때도 이와 똑같이 확고부동하셨다.

> "여호와께서 내게 이르시되 모압을 괴롭히지 말라 그와 싸우지도 말라 그 땅을 내가 네게 기업으로 주지 아니하리니 이는 내가 롯 자손에게 아르를 기업으로 주었음이라"(신 2:9)

하나님께서 정하신 땅은 인간의 마음대로, 편리한 대로, 또는 정치적 이유와 전쟁을 통한 힘의 논리로 절대 나눠선 안 되고 또 결코 나눠질 수도 없다. 이스라엘을 둘로 나누는 '두 국가 해법'은 인간의 생각에서 나온 아이디어일 뿐이지 하나님의 방식이 아니다.

그런데도 왜 미국과 전 세계는 이스라엘을 둘로 나누려 하고 왜 유일한 해결책은 '두 국가 해법'뿐이라고 하는 것일까? 반유대주의 반이스라엘 정서 때문이다.

사실 한국 방송이나 유튜브에서 중동 전문가라는 사람들이 나와서 이스라엘 중동 문제에 관해서 이야기하는 것을 들어 보면, 이들은 거의 팔레스타인과 이란 편에 서서 이 같은 주장을 한다. 하나부터 열까지 전부 이스라엘 잘못이며 팔레스타인은 아무 잘못이 없다고 주장한다.

그들이 이런 주장을 하는 이유는 그들 대부분이 이슬람 국가의 장학금을 받고 이슬람 국가에서 공부했기 때문이다.

'두 국가 해법'을 실행했을 때, 이 같은 문제점들이 분명히 있음에도 불구하고 또 현실적으로 가능하지도 않다는 것을 알면서도 주장하는 것이다.

AD 70년에 로마에 의해 파괴되고 사라진 이스라엘이 1945년에 다시 건국할 때까지 1878년이라는 그 기나긴 시간을 지나오면서도 그들이 건국의 희망을 놓지 않고 살아왔던 것은 "너희들을 다시 불러 모으겠다"고 약속하신 하나님의 말씀을 믿고 의지했기 때문이다. 그래서 결국 1948년에 이스라엘은 다시 세워졌다.

이는 결코 사람이 할 수 있는 일이 아니었다. 아무리 유대인이 똑똑하고 돈이 많다고 해서 지식과 돈으로 될 수 있는 일이 아니었다. 자신들의 정치력과 노력으로 했다는 것만 생각했을 뿐 하나님께서 이스라엘 백성에게 반드시 되돌려 줄 것이라는 성경의 약속으로 인해 이루어졌다는 것을 간과한 것이다.

2천 년 동안 이방인에 의해 짓밟혔던 이스라엘 국토의 회복 그리고 전 세계에 흩어진 이스라엘 백성의 알리야, 이것을 이루시는 하나님의 계획은 국제 정치와 인간의 방식과는 분명히 다른 것인데도 말이다.

지금 이스라엘은 다시 살아나고 있다. 2024년 2월 18일, 이스라엘의 전시 내각은 '이스라엘과 협의 없이 강제적으로 팔레스타인을 독립 국가로 인정하려는 국제 사회의 조치에 대해서는 단호하게 거부한다'는 내용의 결의문을 만장일치로 채택했다.

아무리 다양한 의견과 주장이 있는 이스라엘 정치권이라고 해도 적어도 '두 국가 해법'에 대해서는 여야가 따로 없다는 것을 다시 한번 확인한 것이다.

현재 이스라엘 국민 62퍼센트가 '팔레스타인 국가라는 것은 말도 안 된다. 존재 자체가 있을 수 없다. 이스라엘 국민 전체의 집단 자살 행위와 같다'고 생각하기 때문에 어떤 정치인이든 팔레스타인 국가를 인정하고 '두 국가 해법'을 좀 생각해 봐야 한다고 주장하는 순간 정치 생명이 끝이 날 수 있는 상황이 되었다.

이스라엘은 단호하게 똘똘 뭉쳤다. 이번 전쟁으로 많은 피해를 입었다. 1천3백 명이 잔인하게 살해되었고, 240여 명의 인질로 납치되었다가 100명은 돌아왔지만, 30여 명은 가자 지구에서 사망했고, 아직도 100여 명의 생사를 확인할 수 없다.

이스라엘 군인 290여 명 전사했고 40만 명이 전쟁을 피해 집을 떠나서 난민이 되었다. 이런 엄청난 피해를 입었지만, 이 전쟁을 통해 이스라엘이 얻게 된 것도 있다.

절대 이스라엘을 둘로 나누면 안 된다는 것이다. 그동안 땅에 박힌 바위처럼 꿈쩍도 하지 않던 미국의 유대인들이 이스라엘로 돌아가겠다고 한다.

유대인들이 이스라엘에서 탈출하는 것이 아니라 유대인들이 이스라엘로 몰려들고 있다. 바다에 태풍이 몰아치면 많은 사람이 위험에 빠질 것 같지만, 오히려 태풍이 몰아치지 않으면 바닷속에 산소 공급이 안 되어 바다는 곧 죽게 된다.

지금의 전쟁 상황이 이스라엘 사람들에게는 너무나 힘들고 파도가 몰아치는 고통의 시간이겠지만, 이 과정에서도 하나님은 이스라엘에 강한 생명을 불어넣고 이스라엘을 살려 내고 계신다. 하나님께서 지금 이스라엘에 역사하시고, 하나님께서 이스라엘을 향해 하시는 일을 우리는 봐야 한다.

6

아직도 하마스를 신뢰하는가?

5백 명이 사망한 병원 폭격의 진실

이스라엘과 하마스 간의 전쟁이 시작된 지 10일째 되는 2023년 10월 17일, 이스라엘과 하마스 관련 뉴스가 기하급수적으로 쏟아져 나오고 있다. 이 와중에 보도된 뉴스는 너무나 충격적이었다.

하마스 보건부에서 가자 지구의 알 아흘리Al-Ahli 병원이 폭격당해서 의료진과 환자들이 최소 5백 명 정도가 사망했다고 발표한 것이다.

이스라엘군이 다른 곳도 아니고 병원을 폭격해서 5백 명 정도가 숨졌다는 보도가 나왔을 때 이스라엘에 대해 무슨 꼬투리만 잡히면 물고 뜯을 기세였던 전 세계 언론과 특히 레바논, 요르단, 카타르, 리비아, 예멘, 튀니지, 튀르키예, 모로코와 이란 등 아랍 국가들에서 비난의 목소리가 터져 나왔다.

그중에서도 특히 아랍 에미리트와 카타르는 이스라엘과 '아브라함 협정'을 맺은 국가임에도 불구하고 이번 폭격이 이스라엘 책임이라고 규정하고 공식 성명을 발표했을 정도였다.

중동 국가 여러 도시에서는 이스라엘을 규탄하는 폭력 시위가 이어졌고 베이루트 주재 프랑스와 미국 대사관 앞에서 수백 명이 시위하면서 또 다른 '분노의 날'을 정해 궐기하자는 요구가 쏟아졌다.

아랍 국가들뿐만 아니라 〈뉴욕 타임스〉, 〈로이터 통신〉, 〈알자지라〉를 포함해서 〈월스트리트저널〉, 〈AP 통신〉, 〈BBC〉 등 전 세계 언론이 '이스라엘의 폭격으로 500명이 사망했다', '이스라엘이 도를 넘었다', '이스라엘이 레드라인을 넘었다'라는 머리기사로 신속하게 보도를 이어갔다.

심지어 이스라엘의 진보 언론 매체인 〈하 아레츠〉 신문마저도 이스라엘군의 폭격으로 가자 지구의 병원에서 수백 명의 사상자가 나왔다고 보도했다. 한국 언론이라고 해서 예외는 아니었다. 〈연합뉴스〉를 필두로 해서 MBC, KBS, SBS 할 것 없이 거의 모든 매체가 그 기사를 그대로 받아썼다.

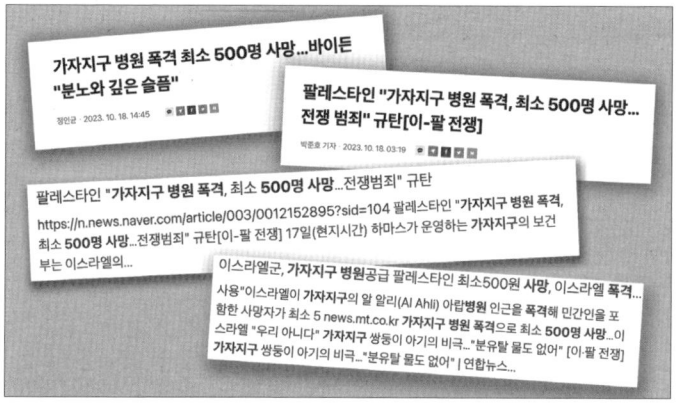

각종 언론에서는 확인도 없이 5백 명의 사망자 발생을 보도했다.

가자 지구의 알 아흘리 병원 폭격에 대한 기사는 뉴스 소비자들을 흥분시키기에 충분했다. 그 기사와 함께 전쟁 범죄, 전쟁법, 반인륜적 공격 행위, 비인도적 처사라는 표현으로 이스라엘에 대한 맹비난을 이어갔다. 이스라엘군 당국이 아무리 이스라엘의 공격이 아니라고 브리핑해도 소용이 없었다.

이날 이스라엘은 온 인류 공공의 적이 되었고, 대학살을 저지른 학살범이 되었다.

단지 병원이라는 단어와 5백 명이라는 사망자 숫자에 흥분하고 매몰되어 도대체 이 공격의 주체는 어디이고 누구였는지 자초지종을 확인할 생각조차 하지 않았다. 무작정 공격자를 이스라엘군으로 규정하고 본격적으로 광범위하게 비난했다. 이 충격적인 사고의 진실에 대해 냉정하게 분석하려는 태도는 어디에도 없었다.

그러나 보도 내용을 차분히 살펴보면 여러 의문점을 발견할 수 있다. 이 엄청난 사건 보도 기사에 구체적인 내용이 없다는 것이다. 우선 5백 명의 사망자가 발생할 정도의 폭격이었다면 분명 폭격에 사용된 무기는 엄청난 것이었을 테고 병원 건물은 거의 완파에 가까울 정도로 파괴되어야 한다. 그러나 엄청난 공격이었음도 불구하고 그에 관련된 사진과 영상이 없다. 기사 제목만 요란할 뿐이지 정말 5백 명의 사망자가 나온 건지 도무지 확인할 만한 관련 사진과 영상이 없다는 점이다.

그 당시 가자 지구 안에는 수많은 언론사의 취재기자들이 활동하고 있었다. 그들에게 가장 큰 임무는 가자 지구의 민간인들이 어떤 상황에도 안전하게 치료받고 보호받아야 할 병원이 이스라엘군의 공격이 있을 경우 그 장면을 고스란히 촬영해 전 세계에 그 만행을 밝히는 것이다.

병원 앞에서 폭격하기만을 기다리는 카메라 기자들

그렇다면 당연히 가자 지구 안에서도 규모가 크다는 알 아흘리 병원 주변에도 수많은 취재 기자가 카메라를 세워놓고 기다리고 있었을 것이다. 그런데 왜 알 아흘리 병원이 공격당하는 장면을 촬영하지 못했을까? 여기저기서 아우성치며 울부짖고 살려달라는 부상자들의 사진과 동영상 그리고 연기 자욱한 병원 안에서 구조대들이 긴박하게 뛰어다니는 모습을 단 한 장도 촬영하지 못했을까? 무너진 병원 건물 잔해 속에서 피투성이가 된 시신을 끌어내어 바닥에 늘어놓은 사진이 왜 단 한 장도 없을까?

의문점은 더 있다. 5백 명의 사상자는 어떻게 파악된 것일까? 앞서도 설명했듯이 5백 명의 사망자가 발생할 정도라면 분명 병원 건물이 폭삭 주저앉을 정도는 되어야 한다. 그 무너진 잔해 속에서 어떻게 공격을 받자마자 5백 명의 시신을 발견했으며, 어떻게 5백 명이라는 사망자 숫자를 단정할 수 있었을까?

5백 명의 사망자 사진은 단 한 장도 없다. 어느 언론 매체의 기사에도 5백여 구의 사망자 사진은 없다. 그동안 가자지구의 하마스가 늘 그랬듯이 5백 명의 시신은커녕 단 한 구의 시신 사진도 보이지 않는다. 그리고 5백 명의 사망자라면 부상자는 그보다 훨씬 더 많아야 함에도 부상자 사진도 보이지를 않고 시신을 부여잡고 통곡하는 유족들의 모습도, 부상자를 이송하고 치료하는 모습도 찾아볼 수가 없다.

깊게 생각하지 않아도 금방 떠오를 수 있는 이런 의문점들을 왜 전 세계 유수의 언론 매체들은 확인도 하지 않고 보도부터 하는 걸까?

미국 〈월스트리트저널〉도 10월 17일 자 뉴스에서는 5백 명의 사망자가 나왔다고 대서특필했다가 다음 날 10월 18일에 "사망자 숫자는 5백 명이 아니라 50명 정도 될 것으로 보인다"는 정정 기사를 내보냈다. 하룻밤 사이에 전 세계 언론 매체가 5백 명 사망자 발생이라고 했던 기사가 완벽한 오보였다는 것이다.

　사실 이 공격은 병원 건물 자체가 받은 것이 아니라 병원 옆에 있는 주차장에 로켓이 떨어진 것이며 그곳에 주차되어 있던 차량 중에 10여 대가 불에 탔을 뿐이고 사망자는 10명에 불과했다는 것이 조사 결과 밝혀졌다. 전 세계 모든 언론 매체의 엄청난 오보였다.

　그렇다면 도대체 병원 건물이 폭격받았다는 것과 5백 명의 사망자가 나왔다는 이야기의 근원지는 어디일까? 바로 가자 지구의 하마스 소속 보건부가 10월 17일에 알 아흘리 병원 근처에서 폭발 소리를 듣고 곧바로 기자들을 불러 모아 이처럼 말도 안 되는 거짓 내용으로 긴급 브리핑을 한 것이다. 그리고 기자들은 취재와 확인 절차도 거치지 않고 곧바로 기사를 작성해서 전 세계로 퍼트렸다. 한국 언론 매체에서도 기사 내용을 확인 절차도 거치지 않은 채 그대로 인용 보도했다.

　하마스 보건부의 발표는 보호받아야 할 민간인과 병원 시설도 서슴없이 공격하는 이스라엘군의 만행을 고발할 수 있는 그야말로 무척이나 반가운 소식이었을 것이다. 만약에 이 내용이 오보였다면 그 내용을 발표한 하마스 보건부에 책임을 돌리면 그만이다.

10월 18일, 영국의 데이비드 캐머런David Cameron 외무 장관이 한 언론사와의 인터뷰에서 이같이 말했다.

"어젯밤 알 아흘리 병원에서 발생한 비극적인 인명 손실에 대해 너무 많은 사람이 섣부른 결론을 내렸다. 잘못된 판단은 더 많은 생명을 위험에 빠뜨릴 수 있다. 사실을 기다렸다가 명

* 폭파된 병원 주차장 위성 사진
* 폭파된 병원 주차장

확하고 정확하게 보도해야 하며 냉철한 판단이 필요하다."

결국 2023년 10월 18일 새벽, 이스라엘군은 "가자 지구의 병원에서 일어난 폭발은 테러 단체인 팔레스타인 이슬라믹 지하드$_{PIJ}$가 발사한 로켓 중 한 발이 발사 실패로 병원에 떨어진 것"이라고 발표하면서 해당 증거 자료를 공개했다.

이스라엘군이 제시한 지도에 의하면 팔레스타인 이슬라믹 지하드가 왼쪽의 청록색 점이 있는 장소에서 이스라엘을 향해 로켓을 여러 발 발사했는데 로켓이 날아가는 경로가 하

얀 점이 있는 알 아흘리 병원 위를 통과하는데 그중에 몇 발이 이스라엘까지 날아가지 못하고 중간 지점인 알 아흘리 병원으로 추락한 것으로 보인다고 설명했다.

실제로 이스라엘군이 증거로 제시한 당시 영상을 보면, 일직선으로 날아가는 로켓이 있고, 왼쪽 옆으로 계속해서 빠지는 로켓이 한 발 있다. 다른 로켓들은 직선으로 날아가다

주차장에서 일어난 폭파 사진

가 지면에서 폭발이 일어나는 모습, 즉 로켓이 이스라엘로 날아가지 못하고 가자 지구로 떨어졌다.

알 아흘리 병원 주차장 폭발 현장 사진에서도 미사일이 떨어졌을 때 생기는 지름 7미터에서 최대 19미터에 이르는 거대한 크레이터는 보이지 않고 그저 불에 탄 자동차 몇 대만 보일 뿐이었다. 이스라엘 국방부가 팔레스타인 이슬라믹 지하드 대원들의 통화 내용을 도청했는데 그 대화를 들어보면, 팔레스타인 이슬라믹 지하드가 병원 뒤에 있는 공동묘지에서 로켓을 쐈는데 그 로켓이 병원으로 떨어졌다는 것이다. 이번 폭격은 이스라엘이 아니라 팔레스타인 이슬라믹 지하드가 한 것임을 알 수 있다.

이로써 알 아흘리 병원 주차장 폭격의 진범은 이스라엘군이 아니라 가자 지구 안에 있는 또 다른 무장 세력 팔레스타인 이슬라믹 지하드임이 만천하에 드러났다.

**하마스에 놀아나는
한국 언론**

그렇다면 하마스 보건부는 왜 잘못된 오보를 양산한 것일까? 하마스는 애당초 진실을 말하고 싶지 않았기 때문이다.

병원이 폭격을 받아서 수많은 민간인이 죽었다는 것을 부각해서 이스라엘은 정말 나쁜 인간들이고 우리는 불쌍한 사람들이라는 코스프레로 전 세계의 동정을 받고 싶었기 때문이라고 생각한다.

그래서 하마스는 최대한 어린이와 여성들, 민간인 피해를 부각하려고 애쓴다. 하마스의 그런 노력은 우리나라에서도 상당 부분 효력을 발휘했다. 2023년 10월 31일에 나온 모 언론사 기사를 살펴보면 알 수 있다.

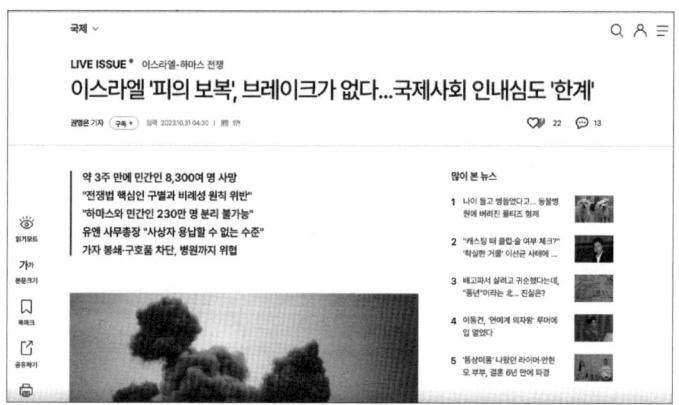

이스라엘만 비난하는 한국의 언론

하마스를 향한 이스라엘의 보복 공격을 다룬 기사 제목은 '이스라엘 피의 보복 브레이크가 없다. 국제 사회 인내심도 한계'다. 그러면서 현재 가자 지구의 피해 상황을 이야기하는데 3주 만에 민간인 대다수 8천3백 명, 여기에 영유아와 어린이 3천4백 명 포함해 사망했다고 보도했다. 이 숫자만 보면 정말 짧은 시간에 많은 희생자가 나온 것처럼 보인다. 그러나 8천3백 명이라는 숫자에 대해 생각해 봐야 한다. 한국 언론사가 일일이 시신을 확인하고 숫자를 세서 기사를 쓴 것은 아닐 것이다. 이 숫자는 당연히 하마스 보건부가 발표한 숫자일 뿐이다. 이것을 한국 언론사가 검증 없이 그대로 받아쓴 것이다. 기사 내용 중에는 사망자 8천3백 명 중에 영유아 포함해서 어린이 사망자가 3천4백 명이라고 썼다. 전체 사망자 중에 약 40퍼센트가 어린이 사망자라는 얘기다.

이 사망자 수도 믿을 수 없고 확인할 수 없지만, 실제로 가자 지구에서는 유독 어린이 사망자들이 많이 발생하기는 한다. 전쟁이 나면 당연히 아이들부터 안전하게 대피를 시켜야 함에도 유독 가자 지구에서 아이들이 많이 사망하는 이유는 사실 다른 데 있다.

필자는 그동안 이스라엘과 팔레스타인의 갈등 현장을 취재하기 위해 꽤 많은 시위 현장을 찾아갔었다. 그런데 도저히 내 눈을 의심할 수밖에 없는 놀라운 일이 벌어지는 것을 확인했다. 상식적인 사람들이라면 돌멩이와 최루탄, 심지어 총알이 난무할 수도 있는 과격한 시위 현장, 전투 현장에 아이들이 있다면 제일 먼저 안전한 곳으로 대피시키고 얼씬도 못 하게 해야 한다. 하지만 팔레스타인 시위대는 그렇지 않았다. 반드시 시위대 맨 앞에 아이들을 세운다. 아이들이 두렵고 무서워서 도망가면 쫓아가서 붙잡아 와서 다시 세우고 본격적인 시위를 시작한다.

이러는 이유는 시위 현장에서 아이들을 이스라엘 군인들의 방패막이로 삼으려는 것이고, 또 시위가 격렬해지면 자연스럽게 아이들이 다치고 심지어 피를 흘리며 실려 가야 하기 때문이다.

팔레스타인 시위대 앞에는 늘 어린이를 앞세운다.

시위 전에 팔레스타인 시위대가 또 준비하는 일이 있다.

언론사 취재 기자들이 시위 현장에 도착하기 전에는 시위를 본격적으로 시작하지 않는다. 시위대는 시위 전에 취재 기자들이 안전하게 한쪽으로 모여서 취재할 수 있도록 사진 촬영하기 좋은 장소를 정해 방어벽을 설치한다. 그리고 취재 기자들이 시위 현장에 도착해서 카메라 세팅을 완료하면 그제야 본격적으로 시위를 시작한다.

시위대 옆에서 취재하는 카메라 기자들

시위대는 이스라엘 군인을 향해 돌을 던지고 화염병을 던질 때도 될 수 있으면 취재진의 카메라 앞에서 화염병과 돌을 던진다. 강력한 무기를 소유한 이스라엘 군인 앞에서도 위축되지 않고 비록 돌멩이와 화염병 뿐이기는 하지만 용감하게 맞서는 팔레스타인 시위대의 모습이 촬영될 수 있도록 말이다.

그러다가 이스라엘 군인의 공격으로 맨 앞에 있는 아이 중에 피를 흘리며 쓰러지는 부상자나 사망자가 나오면 또는 팔레스타인 시위대 중에 부상자나 사망자가 발생하면 그 부상자를 끌고 취재진의 카메라 앞으로 달려간다. 사진을 촬영하라는 것이다. 그럼 그 순간 대기하고 있던 카메라 기자들은 동시에 플래시를 터뜨리며 연신 셔터를 눌러댄다.

도대체 이 취재진과 카메라 기자는 누구이기에 이렇게 팔레스타인 시위대의 보호를 받으며 현장 취재를 하고 사진 촬영을 할 수 있는 걸까? 이 취재진은 이스라엘과 팔레스타인의 진실을 취재하고 보도하기 위해서 온 기자들일까?

그렇지 않다. 이들은 아랍 국가들에서 온 카메라 기자이거나 주로 팔레스타인 기자들이다. 그렇기 때문에 그들은 이스라엘군에 의해 팔레스타인 희생자들이 최대한 많이 나오기를 기다리고 있다가 맨 앞에 있던 아이들이 다치거나 피를 흘리면 그제야 부지런히 카메라를 돌리는 것이다.

그들이 아랍 기자들이라는 것을 알 수 있는 증거는 취재 중에도 때가 되면 대부분의 무슬림처럼 장소를 가리지 않고 카메라를 땅바닥에 내려놓고 메카를 향해 기도하기 때문이다.

아랍 국가의 언론사 취재 기자들이 팔레스타인 입장에서

취재한 내용과 촬영한 사진과 영상들은 곧바로 전 세계 유수의 언론 매체에 팔려나가고 심지어 한국의 언론사도 그 사진들을 구입해서 뉴스 제작에 활용한다.

조작된 사진

민간인의 집이
공격당하는 이유

한국 언론은 이스라엘군이 가자 지구를 공격하면서 하마스 근거지나 군사 시설만 공격한 것이 아니라 민간인의 집도 공격한다는 비난 기사를 연일 내놓았다. 그렇다면 왜 이스라엘군은 하마스와 직접적인 관련이 없을 것 같은 가자 지구의 민가를 공격하는 것일까?

이스라엘군이 가자 지구의 민가를 파괴할 수밖에 없는 이유는, 하마스가 이스라엘로 로켓을 쏠 때 주로 사용하는 장소가 인적이 드문 들판이나 야산이 아니라, 가정집 옥상이나 병원 옥상, 학교 앞마당, 무슬림 사원, 조상들 무덤이 있는 공동묘지 등에서 발사하기 때문이다. 이스라엘군에 생포된 하마스 대원의 심문 내용에 따르면, 가자 지구에서 가장 큰 병원 밑에 하마스의 본부가 있다고 한다.

물론 그 로켓들이 이스라엘 쪽으로 발사되어도 워낙에 조악하기 때문에 이스라엘까지 날아오는 경우는 굉장히 드물지만, 그래도 날아온 로켓을 그냥 두고 볼 수는 없는 일이다. 그래서 이스라엘로 날아온 로켓의 발사 지점을 찾아서 공격하는 것이다.

결국 이스라엘군이 선택하는 방식이 바로 공격 개시 직전에 민간인을 보호하기 위한 노크 프로젝트Knock Project라는 것이다. 이스라엘군은 민간인 가정집을 공격하기 전에 먼저 비폭발성 물체를 그곳에 떨어뜨려서 공습을 예고하거나 공중에서 전단 살포, 공격 알림 문자 등으로 미리 알려서 대피할 수 있는 시간을 준 후에 공격을 감행한다.

지난 12일에는 이스라엘군의 사이버 부대가 하마스 소속의 〈알 악사 TV〉 채널을 해킹해서 TV 화면을 통해서도 대피할 것을 경고했고 수천 장의 전단을 하늘에서 살포하는 방법도 사용하기도 했다. 아랍어로 쓰인 전단에는 가자 지구 북쪽에서 가자 지구 남쪽으로 속히 대피할 것을 촉구하는 내용이 담겼다.

이스라엘 측에서 전화와 문자, 영상, 전단 등을 통한 폭격 예고에 대해 팔레스타인 내무부에서는 이스라엘군의 대피 명령에 응하지 말라는 공지를 홈페이지에 올리기도 했다. 10일에는 이 같은 공지 사항이 게시되었다.

"집에서 나가라는 메시지에 반응하지 마라. 이는 심리전의 일환으로 공황과 공포를 조장하는 것이 목표다."

이외에도 이스라엘군은 폭격 전에 공습 목표 건물의 지붕에 터지지 않는 물질을 떨어뜨려서 시민들이 미리 대피할 수

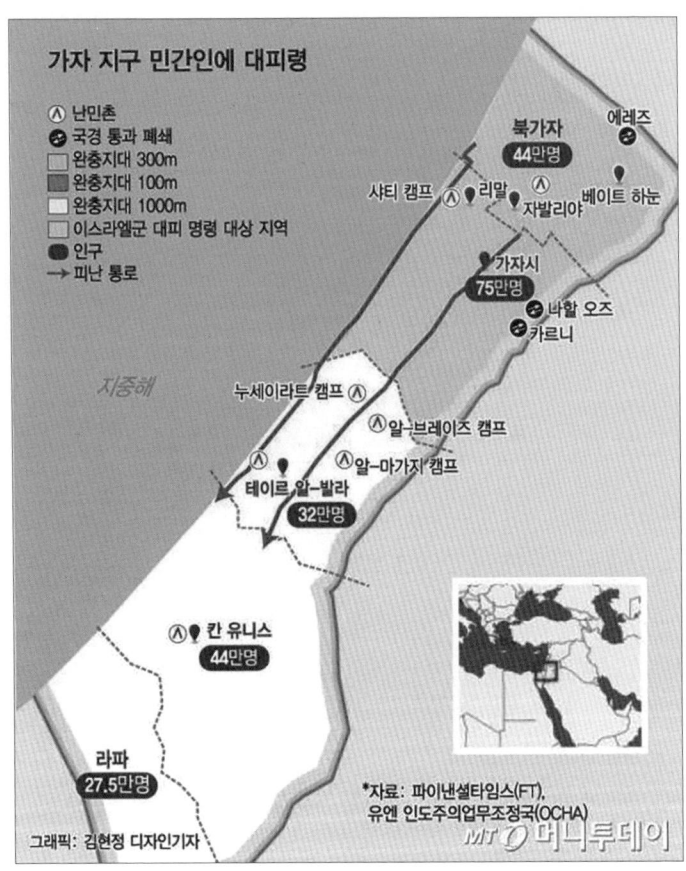

대피 루트 지도

있도록 알리는 'Roof Knocking'라는 정책을 고수하고 있다.

어떠한 방식으로든 공격 예고 메시지를 확인한 가정집의 가장은 놀라서 가족들을 데리고 집 밖으로 빠져나와 대피하려고 해도 대피할 수가 없다. 집 밖에서 하마스가 이 가족들의 대피를 가로막기 때문이다.

"이스라엘군은 민간인 가정집을 공격하면 국제 사회의 비난을 받기 때문에 실행하지 않을 것이니 걱정하지 마라. 그래도 이스라엘군이 너희 집을 미사일로 공격하면 이는 알라를 위해 순교하는 것이다."

그러면서 하마스는 그 집의 가장은 대피시키고 집 안에는 부인과 아이들만 남겨 놓는다. 심지어 어떤 경우에는 아내와 아이들을 옥상으로 데리고 올라가서 일렬로 세워놓기까지 한다.

2023년 10월 13일, 이스라엘군이 가자 지구 북부에 있는 주민들에게 24시간 이내에 가자 지구 남부로 대피하라고 1차 통보를 했다. 그 이후에도 계속 아랍어로 반드시 가자 지구 남부로 이동하라고 통보했고, 10월 14일에는 또다시 24시간 이내에 남쪽으로 대피하라고 한 차례 기한을 연장했다. 10월 15일 오전에는 "가자 지구 지상 공격을 위한 모든 준비를 마쳤다. 군대가 곧 가자 지구에 진입할 테니 반드시 대피하라"고 발표했지만, 그들은 대피하지 않았다. 정확히 그들은 대피하지 못했다.

그 이유를 이스라엘군 당국은 가자 지구 북부와 남부를

연결하는 주요 도로를 막고 있는 하마스 트럭을 촬영한 위성 사진으로 확인시켜 주었다.

가자 지구 남부 지역으로 피신하려는 난민들의 차량을 가로막은 하마스

위성 사진에 보면, 피난 차량들이 줄지어 서 있는데 그 왼쪽 자료 사진을 보면 하마스 트럭이 길을 가로막고 있어서 차들이 더 이상 앞으로 나아가지 못하는 것이 보인다.

같은 달 15일에도 이스라엘군은 가자 지구 주민과의 전화 통화 기록을 공개했다. 공개된 통화 내용에는 가자 지구 북부 자발리야 출신의 주민이 "하마스가 주민들의 자동차 열쇠를 압수했다"고 설명하는 내용이 담겨 있었다. 또 16일에는 하마스가 이스라엘군이 대피하는 주민들을 공격하고 있다고 주장했다. 대피 행렬에 폭발이 일어나서 최소 70명이 사망하고 2백 명의 부상자가 발생했다.

이스라엘군은 이에 대해서 "위성 영상을 확인한 결과, 이스라엘 공습으로 인한 것이 아니라 내부에서 폭발이 일어난 것으로 확인된다"고 발표했고, "남쪽으로 대피하던 중에 발생한 폭발로 사망한 민간인들의 끔찍한 이미지로 누가 이익을 얻을지 생각해 보라"고 하면서 이스라엘군은 절대 민간인을 목표로 공격을 수행하지 않고 이들의 대피를 훼방하지 않는다고 말했다.

어린이의 시신을 옮기는 팔레스타인 주민

이 역시 이스라엘군에 의해 민간인 부녀자와 아이들이 더 많이 희생되기를 바라는 끔찍한 행위다. 예정된 시각에 이스라엘군의 미사일이 날아오고 가정집은 엄청난 폭발음과 화염에 휩싸인다. 그리고 뿌연 먼지가 구름처럼 퍼져 나가면서 가정집 건물이 처참히 부서지는 장면을 그 집의 가장은 비명을 지르며 지켜볼 수밖에 없다.

희뿌연 먼지가 어느 정도 걷혀서 무너진 가정집 잔해들이 보이면 그제야 하마스는 눈물로 뒤범벅이 된 가장과 그 가장의 모습을 촬영하는 아랍계 카메라 기자와 함께 무너진 집으로 접근한다.

잠시 후 누군가 무너진 건물 잔해 속에서 피투성이가 된 아이들의 시신을 들고나오고 시신을 끌어안고 분노의 비명과 오열을 쏟아내는 가장의 가장 슬픈 표정을 향해 연신 카메라 셔터를 누른다. 그렇게 촬영된 사진은 곧바로 전 세계 언론사에 배포된다. 우리가 인터넷 뉴스나 신문에서 보는 대부분의 사진이 이렇게 해서 나온 것이다. 그래서 그 사진들의 앵글과 표정이 대부분 하나같이 똑같은 것이다.

이스라엘군의 가자 지구 폭격은 결코 기습 공격이 아니라 사전 경고하고 폭격한다는 것을 알 수 있는 근거는 폭격 당시의 장면을 촬영한 보도 사진에서 확인할 수 있다. 만약에 이스라엘군이 가자 지구를 향해 기습 공격을 한다면 아마도 가자 지구에 있는 많은 취재 기자가 폭격이 이루어진 뒤에 화염과 짙은 먼지구름이 피어오르는 건물만 촬영할 수 있었을 것이다.

하지만 대부분의 가자 지구 안에서 촬영한 폭격과 관련된 사진은 공습 시기와 공격 목표물을 사전에 정확히 알고 카메라를 세팅하고 기다리다가 폭격당하는 그 순간을 촬영하지 않으면 나올 수 없는 장면들이다. 마치 폭격의 장면을 예술로 승화시키려는 듯, 화려하고 아름답게 촬영하려는 듯 경쟁하는 것처럼 말이다. 그러면서 끊임없이 이스라엘을 전쟁 범죄 집단으로 매도하고 이스라엘군을 전쟁 범죄자들이라고 한다. 그렇게 이야기하기 전에 하마스가 이스라엘로 넘어와서 민간인들을 잔혹하게 살해하고 240여 명을 인질로 끌고 간 것부터 범죄라고 해야 하지 않을까?

> "하마스의 공격에 대한 자위권 행사를 명분으로 이스라엘이 팔레스타인 가자 지구에서 빠짐없이 저지른 행위들이기도 하다." (한국 언론 기사)

> "벌써 민간인 8,300명 이상 숨졌다. 지난 7일 하마스의 공격으로 숨진 이스라엘인(1,400여 명)의 4배가 넘는다." (한국 언론 기사)

여기서 이야기하는 민간인은 누구일까? 국제법상 민간인

이란 군사 조직에 속해 있지 않는 사람을 말한다. 그렇다면 과연 가자 지구에 순수한 민간인이 있을까? 하마스 요원은 아니더라도, 하마스 활동에 협조하거나 참여하거나 지지해도 여전히 가자 지구에서는 민간인으로 구분된다. 하마스와 협력할 수도 있고, 집 안에 미사일을 보관할 수도 있고, 하마스 조직원은 아니지만 무기를 소지하고 있을 수도 있지만 역시 민간인으로 분류된다. 그런데도 미국은 여전히 하마스와 민간인을 구별해서 공격하라고 이스라엘에 경고한다.

영국 BBC에서 이스라엘군이 17세 소년을 총으로 쏴서 사살했다는 보도가 나왔다. 어떻게 미성년자를 총으로 쏠 수가 있을까? 뉴스를 본 사람들이 이스라엘에 분노한다. 하지만 17세 소년의 손에 총이 들려 있었다면 얘기는 달라진다. 그래도 이 소년을 단순히 미성년자 민간인으로 봐야 할까? 총을 쏜 이스라엘 군인이 잘못한 것일까? 아니면 17세 미성년자의 손에 총을 들게 한 하마스의 잘못일까? 도대체 누가 범죄자란 말인가?

사망자 숫자만 해도 그렇다. 2023년 10월 7일 하마스의 기습 공격 때에도, 그 이후 시작된 전쟁에서도 하마스가 이스라엘을 향해 날리는 것은 거의 로켓이다.

미사일은 앞부분에 GPS 유도장치가 있어서 목표물을 향해 날아가지만, 로켓은 GPS가 없어서 목표 없이 방향만 대충 이스라엘 쪽으로 비스듬히 기울여 놓고 아무렇게나 쏘아대는 것이다. 특히 하마스가 쏘는 로켓의 성능은 보잘것없어서 아무리 성공적으로 발사되어도 날아가는 도중에 아무 데나 떨어져서 터지고 만다.

그러다 보니 하마스의 로켓은 앞으로 제대로 날아가는 것도 있지만 상당수가 뒤로 날아가거나 다시 돌아오기도 한다. 그래서 가자 지구에서 사망자와 부상자가 발생했다고 발표해도 사실 그 사상자가 이스라엘군에 의한 것인지, 하마스가 쏜 로켓이 이스라엘까지 넘어가지 못하고 가자 지구 내에 떨어졌기 때문인지 구분할 수 없다. 실제로 하마스가 발사한 로켓에 맞아 팔레스타인 주민이 사망하는 경우도 이스라엘군에 의한 사망자 수에 포함된다. 그러니 가자 지구에서 숨진 사망자의 숫자조차도 의미가 없으며 그 정확성을 확인할 수가 없다.

한국 언론의 반유대주의

한국의 언론 매체들이 이렇게 하마스의 일방적인 거짓 발표를 확인도 하지 않고 그대로 옮겨 보도한 사례는 이전에도 수없이 많았다.

2018년 5월 14일, 예루살렘에서는 이스라엘 건국 70주년을 맞이하여 미국 대사관을 텔아비브에서 예루살렘으로 옮겨 새롭게 문을 여는 개관식을 열었을 때도 어김없이 가자 지구 국경에서는 이에 항의하는 팔레스타인인과 이스라엘인 간의 충돌이 일어났다.

언론들은 이날 충돌로 인해 가자 지구 팔레스타인 사람들이 60여 명 사망했다는 소식을 앞다퉈 보도하기 시작했고, 그 뉴스를 소비한 많은 사람이 이스라엘을 비난하기 시작했다. 이 뉴스는 사실일까? 먼저 이날 가자 지구 국경에서 있었던 사태에 관한 국내 언론 기사를 자세히 보자.

〈뉴스타운〉에서는 5월 15일 자 기사를 통해 이스라엘 텔아비브 주재 미국 대사관의 예루살렘 이전을 둘러싸고 팔레스타인 자치 지구에서 14일 항의 시위대에 이스라엘군이 발포해 어린이들을 포함 최소한 58명이 사망하고 2천7백 명 이상의 부상자가 발생하는 등 사태가 매우 커졌다고 보도했다.

그리고 같은 날 〈한겨레 21〉에서도 이날 상황을 보도했는데, 이스라엘의 실탄 사격으로 시위에 나선 팔레스타인 주민 58명이 숨지고 1,360명이 다쳤다고 보도했다. 똑같은 사건인데도 보도하는 매체마다 사망자 숫자는 맞는데 부상자 숫자는 두 배가량 차이가 나서 사실관계가 전혀 맞지 않다.

같은 날 〈조선일보〉도 마찬가지다. 이스라엘의 총격으로 오후 4시 기준으로 최소 41명이 숨지고 1천여 명이 부상을 입었다는 엉뚱한 내용으로 보도했다.

〈동아일보〉 역시 오후 5시 기준으로 최소 43명이 숨지고 1천6백여 명의 부상자가 발생했고, 사망자 중에는 미성년자도 다수 포함된 것으로 알려졌다고 보도했다.

이렇게 가자 지구의 피해 상황을 보도하는 내용이 언론 매체마다 다르고 정확하지가 않다. 그 이유는 기사 속에 정답이 있다. 기사를 자세히 보면 팔레스타인 시위대의 사망자나 부상자 숫자를 발표한 주체가 가자 지구의 보건당국이기 때문이다.

이 기사들은 이스라엘 측에서 발표한 것이 아니라 하마스 소속 보건부의 일방적 발표에 따른 것이고, 서방 언론은 하마스의 발표만을 근거로 해서 많은 팔레스타인 사람이 사망했다고 보도한 것이다.

그 누구도 그 현장에서 사망자 숫자를 파악한 것이 아니라 가자 지구 보건당국의 일방적인 발표 내용만으로 기사를 썼다는 것을 알 수가 있다.

5월 14일, 〈조선일보〉는 '중동 평화의 파괴자로 전락한 미국'이라는 제목의 사설에서 "소셜 미디어를 통해 유포된 영상을 보면 이스라엘군은 어린이와 노약자가 포함된 무방비 상태의 시위대에 실탄을 발사했고 저격수가 도망치는 시위자들을 향해 총격을 가하기도 했다. 전쟁 범죄나 다름없는 용서할 수 없는 만행이다"라고 썼다.

이 사설은 "무방비 상태의 가자 지구 민간인을 향해 무차별 사격을 가한 전쟁 범죄자"라고 썼다. 과연 이 사설을 쓴 사람은 그 현장을 보았을까? 절대 그렇지 않다. 사설에서도 밝혔듯이 "단지 소셜 미디어를 통해서 정보를 얻어 썼다"고 했다.

그러면 그 소셜 미디어에 사진과 영상을 누가 올렸을까? 당연히 가자 지구의 하마스다. 심지어 하마스는 이스라엘을 향해 로켓포를 발사할 때 그 주변에 아이들을 도망가지 못하게 묶어 놓는다. 하지만 정작 하마스 대원들은 그 자리를 떠나 도망간다. 그래야 이스라엘이 반격할 때 이 아이들이 희생당하고 하마스는 희생당한 아이들의 모습을 전 세계에 공개해서 이스라엘군의 반인류적인 행태라고 주장하는 것이다.

미디어의 주목을 끌 목적으로 수십 명의 젊은이를 자살 작전으로 내몬 하마스가 모든 죽음에 책임이 있다는 것을 보여 주는 몇 가지 사실이 있다.

5월 14일 자 〈워싱턴포스트〉는 "가자 동쪽 집결지에서 시위를 조직한 이들이 시위대에 이스라엘 군인들은 결국 그들의 위치에서 도망갈 것이니 장벽을 뚫고 가라고 재촉했다"고 보도했다.

하마스 공동 설립자 마흐무드 알-자하르Mahmoud Al-Zahar는 일요일 자 〈알 자지라〉와의 인터뷰에서 "최근 국경에서의 팔레스타인인 폭동은 무기를 지원받은 이슬람 무장단체의 전사들이며 우리가 평화로운 저항이라고 말할 때 이는 대중을 속이기 위한 것이다"라고 말했다.

하마스는 지금 전 세계 언론과 인류를 상대로 어마어마한 미디어 사기를 벌이는 중이며 한국을 비롯한 전 세계 언론은 이에 대해 확인과 진실을 찾기 위한 노력은 하지 않고 그저 속수무책으로 속고 있다.

가자 지구 국경에서 희생당한 팔레스타인 사람들은 힘없는 민간인들이 아니며 그들 중 상당수는 하마스의 무장 요원들이다. 그리고 억지로 끌려 나온 힘없는 민간인들과 총알받이로 내몰리고 있는 팔레스타인 아이들이라는 사실을 분명히 알아야 한다.

그리고 하마스는 최대한 자기들이 큰 피해를 보고 있다는 주장을 위해 조작된 영상과 사진들을 사회관계망서비스를 통해 전 세계에 퍼트리고 있다. 전달자의 역할은 아랍계 카메라 기자들이 큰 몫을 담당하고 있다.

하마스가 전 세계 언론을 향해 거짓 선동에 열을 올리는 이유는 결국 이스라엘과 유대인들을 향해 나쁜 감정을 갖게 해서 이스라엘을 비난하게 하기 위해서다. 불쌍한 팔레스타인, 불쌍한 가자 지구, 불쌍한 하마스… 이런 구도로 이스라엘을 향한 분노의 감정을 불러일으키는 것이다.

이스라엘을 못마땅하게 여긴 사람들은 이때다 싶은 마음으로 이스라엘을 공격한다. 그리고 그런 사람들은 이스라엘의 말에 귀를 기울이지 않는다.

2023년 10월 17일 저녁에 발생한 가자 지구의 알 아흘리 병원 폭발 사고도 불과 하룻밤 사이에 이스라엘이 아니라 가자 지구 내의 오폭 사고 때문이라는 사실이 명백한 증거들과 함께 밝혀졌음에도 불구하고 언론은 하마스의 위선적이고 야만적인 행위는 그다지 부각시키지 않는다.

하마스는 최대한 어린이와 여성이 희생되기를 바란다. 그래서 전 세계에 이스라엘군의 비인도적인 면을 부각시키고 야만적으로 비치기 원한다. 이것을 한국 언론을 포함해서 전 세계 언론이 그대로 받아쓰고 있다. 이런 하마스의 작전에 전 세계 언론사가 속고 있다.

7

미국 대학 반전 시위의 진실

2024년 4월 말, 미국 동부에 있는 컬럼비아대, 뉴욕시립대를 비롯해 캘리포니아의 UCLA, UC버클리에서 가자 전쟁 중단을 촉구하는 반전 시위와 함께 반이스라엘 시위가 벌어졌다.

"팔레스타인에 자유를!"

"강에서 바다까지!"

"이스라엘에 대한 지원을 끊어라!"

"이스라엘은 인종 학살을 멈춰라!"

시위대 숫자는 많지 않았지만, 학생들의 손에 들린 피켓에는 팔레스타인에 대한 지지와 이스라엘을 향한 혐오적인 표현으로 가득했다. 시위 현장에는 텐트와 방어벽을 설치했으며, 언제든지 폭력 사태로 번질 경우 맞대응할 수 있을 준비와 밤샘 농성을 위한 장비도 구비해 놓았다.

미국 대학에서 일어나는 반전 시위

결국 4월 29일, UC버클리대학에 경찰이 투입되고 100명 이상이 체포되었지만, 시위는 계속 이어졌고, 뉴욕 경찰도 컬럼비아대학을 봉쇄하고 1천 명을 체포할 정도로 사태는 점점 심각해졌다.

시위대의 궁극적인 목적은 반전 시위를 계속 끌고 가다가 5월에 열리는 대학가의 졸업식을 방해하는 것인 듯했다. 5월

미국 대학에서 일어나는 반전 시위

23일 하버드대학 졸업식장에서 학사모 위에 팔레스타인 전통 스카프를 두른 학생 수백 명이 '가자 전쟁 반대 팔레스타인 해방'을 외치면서 집단 퇴장했다.

대학 당국이 가자 전쟁 반대 텐트 농성 학생 13명에게 졸업장을 수여할 수 없다고 하자, 가자 전쟁 반대 시위 여파는 다른 대학에까지 미쳤다. 노스캐롤라이나에 있는 듀크대학교 졸업식장에서는 40명이, 버지니아 커먼웰스대학에서는 주지사 연설 중 60여 명이 줄 퇴장을 이어갔다.

미국 대학가에서 시작된 반전 시위는 유럽으로 들불처럼

확산되었고 네덜란드, 프랑스, 독일, 스위스, 오스트리아로 번져나갔다.

그리고 5월 8일, 한국의 대학에서도 첫 반전 시위가 시작되었다는 보도가 나왔다. 역시 많은 숫자는 아니지만 대학 내에서 집회를 열고 미국 대학교의 시위 현장에서 외친 똑같은 구호가 적힌 피켓을 들고 "Free Free Palestine!", "Stop Stop Genocide!"를 외쳤다. 어느 대학에서는 작은 부스를 만들어 지나가는 학생들에게 팔레스타인 연대 서명을 받았다고 한다. 그야말로 반전 시위, 반이스라엘 시위가 전 세계를 돌아 한국까지 상륙한 셈이다. 도대체 미국 대학에서 왜 반전 시위를 하는 걸까?

먼저 미국 대학 내에서 벌어진 반전 시위대의 실체를 살펴보자.

미국 대학 내에서 벌어지는 시위는 당연히 그 대학의 학생들이라는 생각은 너무나 순진하고 단순한 생각이다. 4월 30일, 미국 〈폭스 뉴스〉에 따르면 텍사스대학교에서 벌어진 전쟁 반대 시위 도중에 체포된 시위대 중 절반 이상이 이 학교 학생이 아니라는 것이 밝혀졌다. 이날 체포된 79명 중 34명만이 대학 학생이었고 나머지 45명은 아니라는 것이다.

이는 텍사스대학에만 국한되는 것은 아닐 것이다. 분명히 다른 대학에서 벌어지고 있는 시위대의 대부분이 그 학교 학생이 아니라는 것은 충분히 예상할 수 있다. 그렇다면 텍사스대학에서 이 대학 학생도 아니면서 시위한 45명은 누구란 말인가? 이들은 놀랍게도 미국 대학에 혼란을 일으키기 위해 들어 온 외부 세력이었고, 더 놀라운 것은 이들 중 대부분이 중동 이슬람권에서 온 무슬림들이었다.

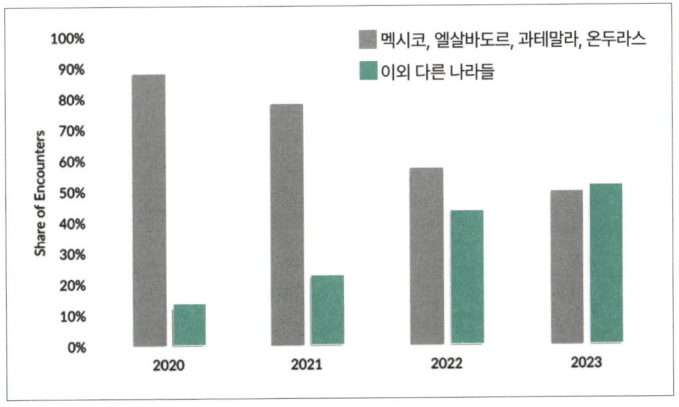

MPI의 통계에 의하면 날이 갈수록 남미 국가 이외의 불법 이민자들이 늘어나고 있다.

현재 미국에서 불법 입국한 무슬림을 만나는 일은 어렵지 않다. 그럴 수밖에 없는 것이 미국 이민정책연구소MPI의 보고서에 따르면, 최근 남쪽 국경을 통해 2021년부터 2024년까지 3년 동안 약 3백만 명의 불법 입국자들이 들어왔다고

미국 남부 국경으로 대규모로 밀입국하는 사람들

한다. 특히 2023년에는 1년 동안 250만 명의 불법 입국자들이 넘어왔는데, 이들은 주로 멕시코, 베네수엘라, 과테말라, 온두라스, 콜롬비아 같은 남미 출신들이다. 이들 중 16퍼센트가량의 38만 9천 명은 주로 중국과 중동 아랍권에서 온 무슬림들이었다.

불법 입국한 무슬림 중에는 극단적인 원리주의자 또는 테러리스트들이 있을 수 있다. 이는 추측이나 예상에 머물지 않고 현실로 나타나기 시작했다.

	Total Number of Encounters	Share of Total Encounters by Nationality (%)	Share of Encounters by Nationality Occurring at Ports of Entry (%)
All Countries	2,476,000	100	17
Mexico	717,000	29	19
Venezuela	266,000	11	25
Guatemala	220,000	9	3
Honduras	214,000	9	15
Colombia	160,000	6	3
Cuba	142,000	6	18
Ecuador	116,000	5	2
Nicaragua	99,000	4	2
Haiti	76,000	3	99
Peru	76,000	3	1
Other	389,000	16	19

국가별로 본 불법 이민자들 숫자

미국에서 발행되는 〈미국 군사 뉴스〉에 따르면, 2023년 10월 20일 미국 샌디에이고 관세국경보호청CBP의 내부 보고에서 하마스, 헤즈볼라, 팔레스타인 이슬람 지하드의 테러리

미국 남부 국경으로 테러리스트들이 들어오고 있다.

스트들이 미국 남부 국경을 넘을 수 있다는 경고했다고 보도했다. 실제로 미국 관세국경보호청 통계국에 따르면 국경 순찰대는 국경에서 하마스나 헤즈볼라 같은 테러 감시 목록에 있는 불법 외국인 밀입국자들을 2022년에는 98명, 2023년에는 172명을 적발했다고 한다. 적발되지 않고 밀입국에 성공하여 미국 본토 깊숙이 들어온 하마스 테러 요원이 얼마나 더 있을지 모를 일이다.

트럼프 전 대통령의 트위터

도널드 트럼프 전 대통령도 사회관계망서비스를 통해서 현재 미국에는 하마스 무리가 이미 들어와 있다고 주장했다. 도널드 트럼프의 주장이 설득력이 있는 이유가 지난 4월 19일 미국 〈폭스 뉴스〉에 따르면, 뉴욕 컬럼비아대학에서 일어난 시위대 중에 하마스를 지지하는 구호와 함께 "우리가 하마스다"라고 외치는 소리도 들렸다고 보도했기 때문이다.

반이스라엘 시위대에서 '우리가 하마스'라는 주장이 등장했다.

실제로 현재 미국 대학 내에서 일어나고 있는 반전 시위 및 팔레스타인 지지, 반이스라엘 시위대의 구성원에 극단적인 무슬림이나 하마스가 개입했는지는 확신할 수 없지만 적어도 이들이 순수한 대학생들이 아니라는 것은 분명하다.

시위대는 대학교의 가장 중앙에 텐트를 치고 자리를 잡고 있어서 강의실로 가는 학생들이 이 시위대를 만나지 않을 수 없고 확성기로 인티파다(Intifada) 민중 봉기를 외치고 있어서 학생들의 수업을 방해하고 있다. 전쟁을 반대하고 평화를 원한다는 시위를 하면서 시위대는 오히려 총과 돌멩이가 든 양동이, 벽돌, 망치, 쇠사슬 등을 사용하고 있다.

전쟁에 반대하는 시위를 하면서 정작 본인들은 전쟁을 반대하는 뜻을 전달하기 위해 전쟁을 불사하겠다는 것이다. 이들이 외치는 전쟁 반대는 가자 지구 전쟁을 중단하라는 것이다. 이스라엘의 무력행사로 가자 지구의 민간인들이 학살당하고 있기 때문이라는 것이다.

물론 전쟁은 일어나지 않아야 한다. 그 피해가 양쪽 모두 너무나 끔찍하기 때문이다. 하지만 이스라엘을 향해 전쟁을 중단하라고 외치기 전에 이 전쟁이 왜 발발했는지, 2023년 10월 7일에 가자 지구의 하마스가 이스라엘을 기습 공격해서 어떻게 민간인들을 잔혹하게 살해했는지에 대해 정확히 배우고 알아야 한다.

그런데 이상한 일이 또 일어났다. 분명히 시위대의 텐트 설치와 방어벽 설치는 불법이다. 이곳에 각종 시위 물품을 반입하고 경찰이 이 물품을 압수하는 과정에서 경찰을 폭행할 뿐만 아니라 경찰차의 타이어를 찢는 재물 파손과 폭력을 행사해도 학교 측은 아무런 조치를 하지 않는다는 것이다. 학생들에게 어떤 경고나 주의도 주지 않을 뿐만 아니라 정학이나 고발도 하지 않았다.

학교가 정상적으로 운영되지 못하는데도 불구하고 시위대가 불법으로 설치한 천막을 철거하라고 요구하지도 않고, 수업에 방해가 되니 조용해 달라는 요구도 하지 않았다. 오히려 표현의 자유를 존중해야 한다고 수수방관할 뿐만 아니라 적극 독려까지 했다. 시위대는 학교 측의 묵인과 비호를 등에 업고 계속해서 불법적이고 폭력적인 시위를 이어갔다.

미국 하원 청문회에서 발언 중인 클로딘 게이 하버드 총장

심지어 2023년 12월 5일, 하버드대학의 클로딘 게이 Claudine Gay 총장과 매사추세츠 공대의 샐리 콘블루스 Sally Ann Kornbluth 총장, 펜실베이니아대학의 엘리자베스 매길 Elizabeth Magill 총장의 미 하원 교육위원회 청문회가 열렸다. 이날 청문위원들은 각 대학 내에서 일부 학생이 "유대인을 학살하자"며 반유대주의 주장을 펼친 것에 대해 "이것은 학칙 위반

이 아닌가?" 하는 질문을 했는데 놀랍게도 총장들은 한결같이 "상황에 따라 결정할 문제"라는 애매한 답변을 내놓았다. 이날 청문회에서는 청문위원들이 세 명의 총장에게 똑같은 질문을 17번 했음에도 불구하고 17번 모두 똑같은 대답을 했다고 한다.

세계 최고의 명문대학에서 어느 특정 민족을 향해 학살, 인종청소Genocide라는 단어를 사용하는 것은 전혀 문명적이지도 않고 사용해서도 안 된다. 더욱이 공공연하게 표현해서도 안 되는 일임에도 불구하고 대학의 총장은 명확하고 즉각적인 대답 대신 "상황에 따라 결정할 문제"라고 대답하였다. 일부 학생이라고는 하지만 학교 내에서 유대인들을 인종 청소해야 한다는 것에 대해 강력히 부정하지도 반대하지도 못하고 그런 주장을 하는 사람들의 입장도 나름대로 살펴봐야 한다는 것이다.

이 소식이 알려지자, 이런 생각을 가진 총장이 있는 대학에 기부할 수 없다며 많은 사람이 기부 철회 의사를 밝히기도 했다. 비난이 쏟아지기 시작하자 최초의 흑인 여성 하버드대학 총장이었던 클로드 게이와 펜실베이니아대학의 매길 총장은 결국 사임했다.

도대체 학교 측은 왜 이러는 것일까?

첫째는 이슬람 국가에서 온 유학생들이 정학이나 체포로 비자가 취소될까 봐 학교 측이 전전긍긍하는 것이다. 그들의 학생 비자가 취소되면 그 많은 기부금과 등록금이 사라지게 되고 학교의 주요 수입원이 끊기기 때문이다.

검은 돈의 악몽, 카타르는 어떻게 아이비리그를 매수했는가

둘째는 이슬람 국가, 특히 카타르에서 기부금을 받기 때문이다. 미국 아이비리그는 거의 이슬람 돈이 장악했다고 보면 된다. 글로벌 반유대주의 및 정책 연구소의 발표에 따르면, 카타르의 인구는 250만 명밖에 안 되지만 석유 자본이 많은 카타르가 1995년 설립한 비영리 조직이 적어도 미국의

100개 이상의 대학에 기부금 형태로 기부한다고 한다.

2001년부터 2021년 사이에 공개된 금액만 최소 47억 달러(한화 약 6조 3,450억 원)를 기부했으며 비공식 금액은 190억 달러(한화 약 25조 6,500억 원)를 기부했다고 한다.

물론 대학교가 외부에서 기부금을 받는 것은 문제 될 것이 없다. 하지만 공개하지 않은 비공식 기부금이 있다는 것은 부적절한 대가를 요구할 수 있기 때문이다. 더구나 기부금의 출처가 카타르라는 것은 더욱 문제의 소지가 있다. 카타르는 지난 수십 년 동안 무슬림 형제단과 긴밀한 관계를 맺고 있기 때문이다. 하마스는 무슬림 형제단의 분파 조직이며 그들의 모토는 이렇다.

"알라는 우리의 목적이고, 무함마드 선지자는 우리의 지도자이며, 꾸란은 우리의 법이고, 지하드는 우리의 길이며, 알라를 위해 죽는 것은 우리 최고의 희망이다. 그 목적은 이슬람 율법인 샤리아가 모든 국가와 모든 문제에 적용되도록 보장하는 것이다."

카타르는 무슬림 형제단에 자금을 지원할 뿐만 아니라 하마스에도 연간 최대 3억 6천만 달러를 후원하고 있으며 최근까지 하마스 지도부 본거지였다. 하마스 지도자인 이스마일 하니에Ismail Haniyeh와 무사 아부 마르주크Mousa Abu Marzook,

칼레드 마샤알Khaled Mashaal 등이 사치스러운 삶을 위해 카타르로 이주했다.

이스라엘이 카타르와 튀르키예에서 하마스 지도자들을 제거하겠다고 발표한 이후 그들은 또다시 다른 나라로 도피한 상태이지만 여전히 카타르의 보호 아래 건재하고 있다.

미국의 전국학자협회National Association of Scholars의 2022년 연구에 따르면 카타르는 현재 미국 대학의 최대 해외 기부자라고 발표했다. 한 연구에 따르면 2001년부터 2021년까지 카타르의 석유회사가 미국 대학에 무려 47억 달러를 기부한 것으로 나타났는데 가장 큰 수혜자는 미국에서 가장 명망 높은 고등교육 기관들이었다.

미국 게이트스톤 연구소Gatestone Institute의 발표에 따르면,

- 1997년부터 버지니아 커먼웰스대학교에 미술 캠퍼스를 위해 1억 3백만 달러(한화 약 1,390억 원) 이상 기부.
- 2001년부터 코넬대학에 의과대학을 위해 18억 달러(한화 약 2조 4,300억 원) 이상 기부.
- 2003년부터 텍사스 A&M에 엔지니어링 캠퍼스를 위해 약 7억 달러(한화 약 9,450억 원) 기부.
- 2004년부터 카네기멜런대학교에 컴퓨터 과학 캠퍼스를

위해 7억 4천만 달러(한화 약 9,999억 원) 기부.
- 2005년부터 조지타운대학의 정치 학교에 7억 6천만 달러(한화 약 1조 260억 원) 기부.
- 2008년부터 노스웨스턴대학교 저널리즘 학교에 6억 2백만 달러(한화 약 8,127억 원) 기부.

이렇게 많은 돈이 들어오는데 어떻게 미국 대학에서 카타르의 말을 듣지 않을 수 있으며 어떻게 무슬림의 말을 듣지 않을 수 있고 어떻게 하마스의 말을 듣지 않을 수 있겠는가?

하마스를 지원하고 하마스 지도자를 비호하는 카타르의 미국 대학 기부는 당연히 미국 대학에서 반유대주의 담론과 캠퍼스 정치를 조장하고, 고등교육 기관 내에서 반민주적 가치에 대한 지지를 높이는 데 상당한 영향을 미치고 있다.

어차피 기부금을 받는 입장에서는 기부금을 주는 주체의 눈치를 보지 않을 수 없고 결정적인 순간에는 그들의 요구를 뿌리칠 수 없는 법이다. 더구나 기부금의 액수가 십시일반의 수준이 아니라 천문학적인 금액이라면 더더욱 그럴 것이다. 무슬림 형제단과 하마스의 커다란 자금줄이자 후원자인 카타르가 엄청난 금액의 기부금을 주는데 어떻게 팔레스타인을 지지하고 하마스를 지지하는 시위를 가로막을 수 있겠는가? 카타르의 최종 목표는 바로 이것일 것이다.

카타르의 석유 자본은 대학에만 들어간 게 아니다. 2022년 카타르 하마드 빈 자심Hamad Bin Jassim 전 총리는 "우리는 미국을 비롯해서 여러 나라의 학생들에게 장학금을 주었고 장학금을 받은 사람이 국회의원이 되고 신문기자가 되었다. 지금도 매달 월급을 주고 있다"고 밝혔다.

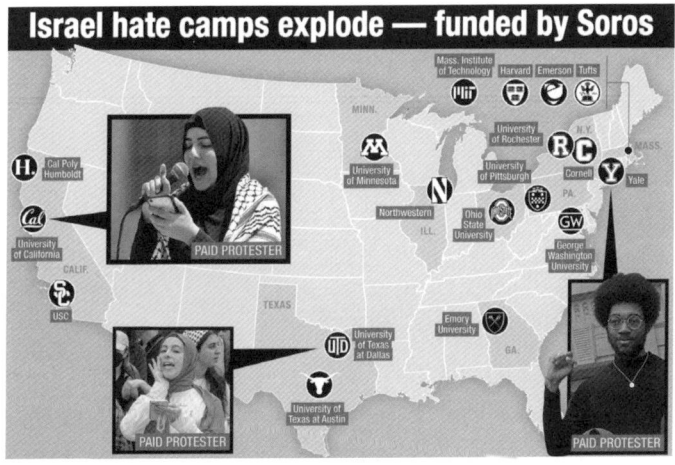

자금을 지원받아 반전 시위를 하는 프로 시위자들

현재 미국의 언론인들과 국회의원들이 소위 이슬람 장학금을 받았다는 얘기다. 언론 재단도 예외는 아니었다. 카타르는 미국의 리처드슨 글로벌 참여 센터Richardson Center for

Global Engagement와 부르킹스 연구소Brookings Institution 같은 싱크 탱크에 자금을 지원하면서 미국 언론에 침투하고 있다.

2021년에 카타르는 미국 언론사에 100억 달러를 투자하겠다고 약속했으며 그 결과 대부분의 미국 대학생이 이스라엘을 비난하며 반전 시위를 벌이는 것에 대해 여러 가지 방법으로 동참한 것으로 보도되었다.

이런 상황에서 오히려 이란이 미국을 비난하고 있다. 이란은 미국 대학생들의 요구에 대한 폭력적이며 군사화된 대응을 절대 용납하지 않겠다고 한다. 여기에 하마스도 숟가락을 얹었다.

"오늘의 학생들이 내일의 지도자들이다. 오늘 탄압의 결과는 조 바이든 행정부가 조만간 있을 엄청난 선거에서 그 대가를 치르게 될 것이다"라고 말했다.

반이스라엘 시위를 하는 무슬림 학생들을 탄압하지 말라는 얘기다. 하지만 분명한 것은 중동에서 온 누군가가 이들의 시위를 교육하고 진두지휘하고 있으며 캘리포니아대학, 텍사스대학, 예일대학에서는 시위대 중에 누군가로부터 돈을 받은 전문 시위꾼들이 시위를 이끌고 있다는 것이다. 대학교에서 시위를 이끄는 미국 팔레스타인 권리보호협회라는 단체는 투자의 귀재이자 자선 사업가로 알려진 조지 소로스

George Soros로부터 30만 달러를 지원받은 것으로 알려졌다.

미국 금융가 조지 소로스가 이스라엘 혐오 시위대에 자금을 제공하고 있다는 내용

이슬람의 돈은 학교도 장악하고 시위대도 동원해서 시위를 주도하고 있다. 여기에 생각 없는 학생들이 피켓과 깃발을 들고 구호를 외쳐대고 있는 것이 지금의 현실이다.

그들은 시위 현장에서 줄곧 외쳐왔던 구호, '강에서부터 바다까지From the River to the Sea'에 대한 정확한 의미를 알고 있을까? 도대체 무슨 강을 말하고 무슨 바다를 말하는 것인지 알고나 있을까?

놀랍게도 미국 UC버클리대학 시위에 참가한 학생들 47퍼센트만이 구호로 외치는 강과 바다가 어느 강에서부터 어느 바다까지인지 알고 나머지는 전혀 알지 못한다. 애당초 하마스가 내걸었던 구호는 요르단강에서부터 지중해까지 모든 땅이 팔레스타인의 땅이라는 얘기다. 그러니 그 땅에 이스라엘 국가는 용납할 수 없으며 유대인들이 발 딛고 서 있을 땅은 전혀 없다는 주장이다. 하마스는 '두 국가 해법'도 필요 없고 오직 그 땅에서 이스라엘 국가 자체를 지워 버리자는 주장이다. 이런 주장을 담은 구호의 진정한 의미도 제대로 알지 못한 채 그저 앵무새처럼 따라 외칠 뿐이다.

평소에 단 한 번도 이스라엘 중동 문제에 대해 깊은 관심이 없었던 젊은이들이, 이스라엘 국가의 탄생에 대한 역사적 배경 지식도 전혀 없었던 젊은이들이, 마치 팔레스타인 문제에 대해서 어떤 목소리를 내지 않으면 시대에 뒤처지고 반문명적, 반지성적, 반진보적이라는 생각이 드는 것은 아닐까, 아니면 미국 대학에서 하니까 우리도 뭔가 하지 않으면 안 될 것 같은 생각 때문인 걸까? 2023년 10월 7일, 하마스가 저지른 반인륜적이고 반문명적인 잔혹한 범죄 행위는 완전히 잊어버리고 미국의 컬럼비아대학이, UCLA가 한다니까 우리도 해야 한다고 여기고 맹목적으로 따라 하는 것은 아닐까?

한국의 모 대학에서는 몇 명이 모여 반전 시위, 반이스라엘 시위, 팔레스타인 지지 시위를 하면서 학교 내에 작은 부스를 만들고 그 안에서는 'Ask us anything about Palestine'이라는 제목으로 팔레스타인에 관해 무엇이든 물어보면 대답해 주는 행사를 했다고 한다. 그런데 한 학생이 2023년 10월 7일에 있었던 하마스의 대학살에 대해 질문했더니 이들은 정말 뜻밖의 주장을 펼쳤다. 하마스는 2023년 10월 7일에 이스라엘 국민을 학살하지 않았고, 여성들을 강간하지도 않았고, 사람들을 불태우지도 않았고, 아이들을 오븐에 넣고 돌리지 않았다고 주장했다. 심지어 가자 지구 안의 터널은 이스라엘군이 파 놓은 것이라고 주장했다. 분명한 것은 하마스가 만든 웹사이트에도 자기들이 이스라엘에 넘어가서 한 일들을 자세히 소개했고, 올려놓은 증거 사진도 있고, 하마스의 가슴에 달린 보디캠에 찍힌 영상으로 저지른 만행을 자랑했었다. 이스라엘군이 가자 지구 안에 지하 터널을 어떻게 뚫어 놓을 수 있으며 그렇다면 왜 지금까지 이스라엘군이 지하 터널을 모두 파괴하지 못하고 그렇게 많은 이스라엘 군인이 목숨을 잃어가며 그 입구를 찾았단 말인가.

인터넷을 조금만 검색해도 알 수 있는 명확한 증거들을 왜 유수의 명문대 학생들은 알지 못하고 돈 받고 나온 전문 무슬림 시위꾼들의 말에 현혹되어 함께 같은 주장을 한다는 말인가.

이는 평화를 사랑하는 길도, 정의를 위한 길도 아니다. 불과 몇 명의 학생이 영어와 한글로 된 피켓을 들고 시위하는 장면을 사진으로 찍어 마치 이것이 한국 대학생들의 전부인 것처럼 보도하는 언론도 문제다.

결론적으로 말하면 미국과 유럽의 여러 대학에서 반이스라엘 시위, 반유대인 시위가 확산되는 것은 사실이다. 물론 한국에서도 마찬가지다. 하지만 분명한 것은 이런 시위들이 미국 대학 전체 학생의 의견과 생각과 행동이 아니라는 것이다.

그저 일부 과격 무슬림들이 주도하는 과격한 시위일 뿐이다. 어떤 방식으로 어떤 구호를 앞세워 시위해야 언론의 관심을 받고 기사화되는지 잘 아는 전문 시위꾼들이 이슬람의 후원과 지원을 받아서 하는 시위일 뿐이다.

분명한 것은 이스라엘과 하마스 전쟁의 근본적인 원인과 본질에 대한 사실을 기반으로 정확한 정보를 대학생들에게 알릴 필요가 있다. 소책자든 짧은 영상이든 사회관계망서비스를 활용해서 역사적 사실과 정확한 뉴스가 일목요연하게 정리된 형태로 학생들에게 알릴 필요가 있다. 이제는 더 이상 대학교를 팔레스타인 지지 시위의 천국으로 만들어서는 안 될 일이다.

8
이스라엘은 과연 전쟁 범죄 국가인가?

2023년 10월에 시작된 이스라엘과 하마스의 전쟁이 해를 넘겨 7개월이 되면서 가자 지구 민간인들의 피해가 눈덩이처럼 불어나자 전 세계의 여러 나라가 이스라엘을 전쟁 범죄 국가라고 비난하기 시작했다.

 하마스 대원과 순수 민간인들에 대한 구분이 모호한 가자 지구의 상황도 무시한 채 이스라엘군에 의해 사망한 가자 지구 사람을 무조건 비전투원이라고 호칭하는 것도 문제지만, 사람들은 마치 국제법 전문가인 것처럼 국제법과 제네바 협약을 내세우며 이스라엘군이 아무 대항 능력도 없고 전쟁과 아무 관련이 없는 사람들을 마치 사냥하듯이 죽이는 것처럼 몰아붙였다.

"이건 전쟁이 아니라 학살이다."

"이스라엘은 레드라인을 넘었다."

"이스라엘은 나치 독일에서 무엇을 배웠는가?"

심지어 남아공은 2024년 5월, 이스라엘이 그동안 가자 지구를 향해 대규모 살인과 파괴를 해왔고 앞으로도 그럴 것이라며 특히 라파에 대한 군사 계획을 저지할 긴급조치를 내려달라고 국제사법재판소에 요청했다. 그러면서 베냐민 네타냐후 총리와 요압 갈란트 국방부 장관을 국제사법재판소에 체포영장을 청구하기도 했다.

안토니우 구테후스Antonio Guterres 유엔 사무총장도 가자 지구 남부 라파를 향한 이스라엘군의 공격이 엄청난 결과를 초래할 것이고 공격 계획을 철회하라고 요구하였다. 그뿐만 아니라 4명의 인질 구출 과정에서 팔레스타인 아랍 사람이 수백 명이 죽거나 다친 것에 대해 유엔은 전쟁 범죄에 해당할 수 있다고 했다.

미국 〈PBS 방송〉과 〈AP 통신〉은 여러 전문가를 동원해서 10월 7일 학살 침공 이후 지속해서 이스라엘이 역사상 가장 참혹한 전쟁을 하고 있다고 규정했다. 이런 분위기는 한국도 예외는 아니다. 시민 사회 단체들이 주주총회가 열리는 건물 앞에서 이스라엘 유대인 정착촌 건설에 사용되는 HD현대의 굴착기 등 건설 기계 수출을 중단하라는 시위를 여러 차례 벌이기도 했다. 이들이 이때 외쳤던 내용이 전쟁 범죄를 방관하는 현대를 규탄하는 것이었다.

이스라엘이 하마스와 전쟁을 하면서 하마스의 궤멸을 위한 작전을 펼칠 때마다 이렇게 전 세계는 전쟁 범죄라고 비난해 왔다. 특히 그중에서도 몇 가지 사건은 전쟁 범죄 논란을 점화시켰다.

논란을 부른 몇 가지 사건

2024년 3월 14일, 가자 지구 하마스 보건부에 따르면 가자 지구의 쿠와이티 교차로에서 구호물자가 들어오기만을 기다리고 있는 주민들을 향해 이스라엘이 공격했으며 최소 20명이 사망하고 155명이 다쳤다고 주장했다.

이 사건이 사실이라면 이스라엘이 한쪽으로는 구호물자를 들여보내는 척하면서 정작 구호물자를 받으러 몰려든 사람들을 향해 총격을 가했다면 정말 큰 일이 아닐 수 없다.

또 다른 사건이 있었다. 국제 사회는 이스라엘을 향해 라파는 공격하지 말라고 요청했다. 그 이유는 이스라엘군이 가자 지구 북부 지역에 있는 사람들에게 남쪽으로 피신하라고 해서 내려갔다. 라파 지역에는 약 130만 명 정도의 피난민이 모여들었는데, 이곳을 이스라엘이 지상전을 통해 공격하면 하마스보다 민간인들이 희생될 수 있기 때문이다. 그런데도 5월 27일, 이스라엘의 공격으로 가자 지구 라파의 난민촌에 화재가 발생해서 민간인이 최소 45명이 사망했다고 한다.

구호 물자 트럭을 향해 이스라엘이 공격해서 많은 사상자가 나왔다는 CNN 기사

이스라엘이 굳이 피난민들을 이곳에 대피시키고 공격했다면 비난받아 마땅하다.

2023년 6월 8일, 이스라엘 국민은 전혀 예상치 못한 가뭄에 단비처럼 기쁜 소식을 듣게 되었다. 270여 일 동안 억류되어 있었던 인질 중에 4명이 이스라엘 특수부대에 의해 가자 지구에서 무사히 구출되었다는 베냐민 네타냐후 총리의 발표가 있었기 때문이다. 이 뉴스는 순식간에 전 세계로 퍼져 나가면서 이스라엘군 특수부대의 활약상을 높이 평가했다. 이 작전을 과거 오사마 빈라덴Osama Bin Laden 사살 작전 또는 엔테베Entebbe 작전에 비유하기도 했다.

그러나 그것도 잠시뿐 전 세계는 이스라엘을 향해 전쟁 범죄를 일으켰을 가능성이 크다며 이번 인질 구출 작전을 비난하기 시작했다. 4명의 인질을 구출하는 과정에서 271명의 가자 지구 팔레스타인 민간인이 사망했고, 698명의 부상자가 발생했다는 하마스 보건부의 발표가 있었기 때문이다. 4명의 인질을 구하는데 그보다 250배나 되는 1천여 명의 민간인 사상자가 발생했다면 이 또한 문제가 크다.

그러나 과연 그럴까? 먼저 3월 14일에 있었던 민간인을 위한 인도주의 물자를 실은 구호 트럭을 향한 이스라엘군의 사격에 대하여 살펴보자.

아랍 언론에서 이스라엘군이 가자 지구로 들어온 구호 트럭으로 사람들이 몰려들자, 구호품을 받지 못하게 하려고 그 사람들을 향해 총을 난사해서 104명이 사망하고 750명 이상이 다쳤다는 뉴스가 쏟아져 나온 적이 있었다.

그러면서 트럭에 깔린 시신들과 고통에 신음하는 부상자들의 영상이 각종 사회관계망서비스를 통해 쏟아져 나왔고 가자 지구뿐만 아니라 전 세계 아랍권이 분노하면서 이스라엘을 비난하는 소리가 쏟아졌다. 하지만 이스라엘군이 "우리가 한 일이 아니다"라고 아무리 주장을 해도 그 누구도 귀를 기울이지 않았다. 그날 분명히 구호 트럭 주변에서 많은 사람이 죽고 많은 사람이 다친 것은 사실이다. 하지만 그들이 어떻게 죽고 어떻게 다쳤는지는 사실 확인이 필요하다. 천만다행으로 그때 상황을 이스라엘군이 드론으로 촬영한 영상이 나중에 공개되었는데 이 영상을 자세히 보면 앞뒤 정황을 자세히 알 수가 있다.

문제의 사격 사건이 일어난 시각은 새벽 4시 40분쯤이었다. 먼저 구호 트럭 30여 대가 가자 지구 북부 지역으로 들어왔다. 구호 트럭이 전부 들어오기도 전에 맨 앞의 트럭으로 가자 지구 주민들이 몰려들기 시작했는데 처음엔 수백 명이었던 숫자가 수천 명으로 늘어나면서 일대는 아비규환이 되었다. 주민들끼리 서로 밀고 밀치다가 몇 사람이 차에 깔리는 사고가 발생했다.

그러자 주민들이 구호 트럭 운전사를 향해 돌을 던지고 폭행을 가하기 시작했고 생명의 위협을 느낀 운전사가 트럭

앞에 사람들이 있음에도 불구하고 그대로 밀고 돌진하는 장면이 촬영되었다.

구호 트럭에 몰려드는 가자 지구 난민들, 많은 사람이 트럭에 치었다.

뒤따라 들어오던 나머지 트럭들도 사람들한테 에워 쌓이고 이 과정에서 서로 밟고 밟히는 사고가 있었다. 그러는 와중에 구호 트럭은 쇠나 털리고 심지어 맨 뒤에서 구호 트럭의 안전을 위해 뒤따라오던 이스라엘 군인들을 향해 수천 명이 집단으로 달려들었다. 이스라엘 군인들도 처음에는 하늘을 향해 총을 쏘았지만, 사람들이 달려들자 결국 발포를 시작했다. 이스라엘군의 입장에서는 우리는 처음부터 가자 지구 주민을 향해 구호품을 받지 못하게 총을 쏜 것이 아니라 사람들이 떼로 몰려들어서 발포했고 104명의 사망자는 이스라엘군의 총에 맞아 사망한 것이 아니라 구호 트럭에 깔리고 발에 밟혀 압사한 것이라고 주장하였다.

하마스는 이전에도 구호 트럭뿐만 아니라 구급차도 공격한 적이 있다. 그럼에도 불구하고 하마스는 마치 이스라엘이 구호 트럭을 공격한 것처럼 선전 보도했다.

3월 15일 자 가자 지구 민간인을 위한 인도주의적 구호 트럭이 이스라엘군의 공격을 받았다는 미국 CNN 기사는 역시 이스라엘의 주장과 정면 배치된다.

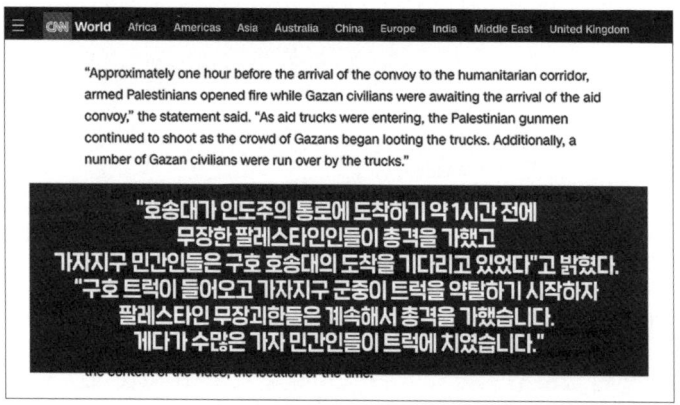

구호 트럭이 도착하기 한 시간 전부터 하마스의 총격이 시작되었다는 기사

이스라엘의 주장에 따르면 구호물자를 실은 트럭이 인도

주의 통로에 도착하기 1시간 전부터 이미 무장한 하마스 대원들이 기다리고 있었고 구호 트럭이 들어오자 군중이 트럭을 약탈하기 시작했고 이에 하마스는 민간인들을 향해 총격을 가하기 시작했다는 것이다. 게다가 구호 트럭이 수많은 민간인을 깔고 질주하면서 사망자가 발생했다는 것이다. 앞서 설명한 2월의 사고와 똑같은 유형이었다.

이렇게 하마스는 식량을 찾는 가자 지구 민간인들에게 계속해서 해를 끼치고 있으면서 이를 두고 오히려 이스라엘을 비난하고 있다.

라파 난민촌 화재 사건에 대하여 살펴보자. 국제 사회는 그동안 이스라엘을 향해 라파 지역에서 지상전을 펼치거나 그 어떤 공격도 해서는 안 된다고 강력히 말려왔다. 라파 지역에는 약 130만 명이 넘는 피난민이 집중적으로 모여 있고 지상전을 펼치면 민간인의 피해가 눈덩이처럼 불어날 것이라는 이유 때문이다.

그런데도 이스라엘군은 왜 난민촌을 공격해서 비난을 자초한 것일까?

사실 관계를 분명히 해야 할 것은 이스라엘군은 가자 지구 난민촌을 향해 직접적으로 공격한 것이 아니었다. 난민촌에서 180미터 떨어진 텔 술탄Tel Sultan이라는 곳에 하마스 기지가 있었고 그곳에는 이스라엘군이 추적 중인 2명의 하마스 지휘관이 숨어 있다는 정보를 입수했다.

게다가 45미터 떨어진 곳에는 로켓 발사대가 있었다. 이 로켓 발사대에서 발사된 로켓이 5월 26일 텔아비브로 날아왔다. 그러니 이스라엘군으로서는 이 하마스 기지를 공격하지 않을 수 없었고 로켓 발사대도 제거해야만 했다.

그런데 문제는 하마스 기지에서 180미터 떨어진 곳에 난민 캠프가 있었고 분명히 난민 캠프에는 여성과 어린이, 노약자들이 있었을 것이다. 그러다 보니 강력히 공격할 수도 없는 노릇이었다. 결국 이스라엘군이 선택한 것은 17킬로그램의 폭약 탄도 미사일이었다. 이 정도라면 180미터 떨어진 난민 캠프에는 아무런 영향을 주지 않을 것으로 판단했다.

그런데 지휘관이 숨어 있는 기지에는 로켓의 연료로 사용하는 화약고도 함께 있었는데 이스라엘의 공격이 시작되자 화약고가 폭발하면서 결국 난민 캠프에 불씨가 옮겨붙어 화재가 발생한 것이다.

여기서 주목해야 할 것은 왜 하마스는 난민촌에서 180미터 떨어진 곳에 이런 로켓 발사대와 화약고를 만들었는가이다. 하마스는 바로 옆에 난민촌이 있으니, 이스라엘군이 위치를 파악해도 쉽게 원점 타격하지 못할 것으로 생각했다.

그런데도 이스라엘이 공격하면 그때 오인 발사를 유도해서 난민촌에 큰 피해를 주기 위한 의도였을 것이다.

* 난민촌에서 180미터 떨어진 곳에 하마스의 군사 기지가 있었다.
* 하마스의 군사 기지 바로 옆에 설치되어 있는 로켓 발사대

8 이스라엘은 과연 전쟁 범죄 국가인가?

이것을 이스라엘군이 모를 리 없었다. 그래서 이스라엘군은 이번에도 이 지역을 공격하기 전에 목표물 주변에 여성이나 어린이가 있는지 미리 확인했고 민간인 사상자를 만들지 않기 위해 폭약도 최소한으로, 즉 17킬로그램의 탄두를 장착했다.

이 사실은 이스라엘의 일방적이고 확인할 수 없는 주장이 아니다. 폭격 직후 하마스 대원들의 통신을 감청했는데 이 같은 대화 내용이 있었다.

"탄약고가 폭발했다. 이스라엘군의 공격은 강력하지 않았고 작은 미사일이라서 큰 구멍을 만들지 않았다. 그리고 그

가자 지구 라파의 난민촌 화재 현장

후에 2차 폭발이 있었다."

결국 하마스의 작전은 성공한 셈이었고 불쌍한 난민 45명이 희생되었다. 결국 45명의 민간인 희생자는 오롯이 하마스의 책임이지 이스라엘의 책임으로 볼 수가 없는 것이다.

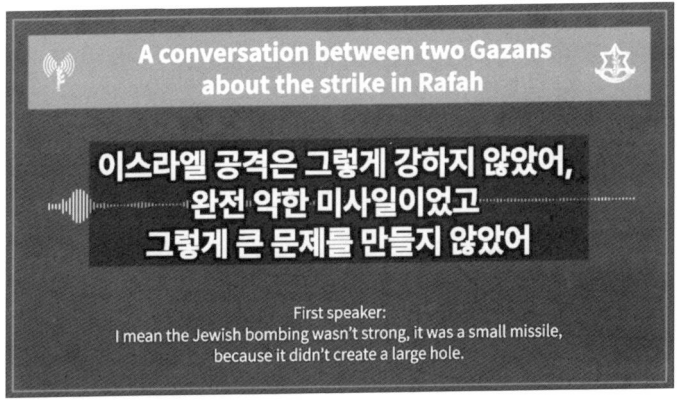

하마스 대원 간의 전화 통화 내용

'여름의 씨앗' 인질 구출 작전

2023년 6월 8일 오전 11시에 시작되어 2시간 30분 만에 성공리에 끝난 4명의 인질 구출 작전에 관해 이야기해 보자.

이번 구출 작전은 최소 한 달 전부터 계획되었고 몇 주간의 훈련이 시행된 중요한 작전으로 어떤 정보도 새어 나가서는 안 되는 극비 사항이었다. 그래서 이스라엘의 경찰특공대인 야민Yamin과 국내 보안 방첩 기관인 신베트Shin Bet 요원들은 자신들이 어떤 임무에 투입되는지도 잘 모르는 상태로 훈련했다고 한다.

인질들의 위치는 8개월 동안 총 네 번 바뀌었다. 이처럼 하마스가 인질 구출을 막기 위해 인질들의 위치를 계속 바꾸고 옮기다가 마지막에 감금되었던 곳이 가자 지구 중부 누세라이트 난민촌에 있는 민간인 집이라는 첩보를 입수하고 작전 장소와 닮은 모형을 만들어 수 주 동안 훈련했다.

심지어 이번 인질 구출 작전을 수행하기 며칠 전에는 이 지역에서 작전을 한 차례 하면서 인질 구출 이전에 하마스의 방어력을 약화시키고 작전 당일 하마스에 혼동을 주기 위해 일종의 선행 작전까지 펼쳤다. 그만큼 이번 구출 작전에 많은 공을 들였다.

드디어 작전 날짜가 6월 8일로 정해지고 작전명은 '여름의 씨앗'이었다. 보통의 인질 구출 작전은 야심한 밤을 틈타 진행되는 것이 일반적이다. 그러나 '여름의 씨앗'은 특이하게도 오전에 시작되었다. 이스라엘 정보 부대 신베트가 테러범을 기습하기에 토요일 아침 시간이 최적이라고 추천했기 때문이다.

오전 11시 헤르치 할레비Herzi Halevi 참모총장의 작전 개시 명령이 떨어지자 전쟁 상황실에는 할레비 참모총장과 신베트의 수장 그리고 베냐민 네타냐후가 모였고 마치 버락 오바마 대통령 당시 빈 라덴 제거 작전 때처럼 작전 상황을 실시간으로 지켜보았다.

작전이 개시되고 25분 뒤, 이스라엘 특공대원들은 신분을 감추기 위해 주방용 세제 이름이 크게 적힌 화물트럭을 타고 인질들이 붙잡혀 있는 가자 지구 중부 누세라이트의 다층 주택 앞에 도착했다. 누세라이트 지역은 이스라엘 지상군이 진입하지 않은 지역 중 하나였다. 바로 이곳에 4명의 인질이 두 채의 주택에 나뉘어 억류되어 있었다.

이스라엘군은 약 100미터 떨어진 두 건물을 동시에 습격했다. 하마스가 다른 곳에서 구출 작전이 펼쳐지는 것을 알면 나머지 건물의 인질들을 살해할 가능성이 있었기 때문이다. 작전은 번개처럼 시작되었고 두 채의 건물 중에 한 건물에서 여성 인질이었던 노아 아르가마니Noa Argamani가 순조롭게 구출되었고 인근 해변에서 대기 중이던 헬기에 태워 텔아비브로 보내졌다.

그러나 3명의 남성 인질이 갇힌 건물은 상황이 좋지 않았다. 이스라엘군 병력이 건물에 진입하자마자 하마스 대원들이 대규모 총격전으로 대응하면서 교전이 벌어졌고 이 과정에서 이스라엘 특공대 지휘관 1명이 치명상을 입고 끝내 사망하였다. 그런데도 끝내 이들을 구출하는 데 성공했지만, 세 명을 태우려고 대기 시켜놓은 건물 밖의 차량이 하마스의 RPG 공격으로 파괴되었다.

그래서 이스라엘군은 즉각 지휘부에 공중 지원을 요청하고 인근 건물에 피신했다. 만일의 사태에 대비해 대기 중이던 이스라엘군 전투기가 현장에 투입되어 이 지역을 공습했고, 하마스 대원들의 시선을 돌린 후에 이스라엘군 장갑차가 진입해 남은 인질 3명을 헬기가 대기 중인 해변까지 탈출시켰다.

그리고 이날 오후 1시 30분, 이스라엘군은 인질 4명이 생환했다고 발표했는데, 작전이 시작된 오전 11시부터 성명을 발표하는 순간까지 총 2시간 30분이 소요되었다.

군 당국은 이번 작전이 1976년 이스라엘 특공대가 우간다에서 100여 명의 인질을 구출한 엔테베 급습과 유사한 작전이라고 설명했다. 엔테베 구출 작전뿐만 아니라 이스라엘의 인질 구출 작전은 매번 영화처럼 순간순간이 극적이지만, 이번 '여름의 씨앗' 작전도 영화나 드라마보다 훨씬 더 극적이었다. 모든 이스라엘 국민은 박수와 환호로 성공을 축하했다.

그런데 국제 사회는 또다시 이스라엘을 비난하기 시작했

다. 단지 4명의 인질을 구출하기 위해 1천여 명의 민간인 사망은 도저히 있을 수 없는 일이고 이 역시 전쟁 범죄의 가능성이 크다는 것이다. 그러나 사실 이 사망자 숫자도 하마스 보건부 발표가 늘 그런 것처럼 정확하지 않았다. 어떤 보도에서는 사망자 숫자가 274명이고 부상자 숫자가 100명이나 차이나는 598명이라고 하고, 어느 쪽 발표가 더 정확한지 알 수가 없다.

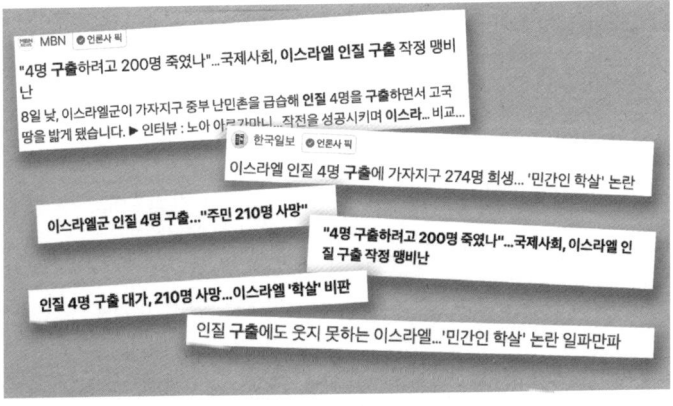

4명의 인질이 구출되자 또 다시 세계는 이스라엘을 비난하기 시작했다.

앞서 설명했듯이 인질들은 민간인 가정집에 억류되어 있었다. 이 민간인들은 인질들을 감시하기 위해 분명 무기를 소지하고 있었을 것이고 이스라엘군이 구출 작전을 하기 위해 기습할 경우 반드시 이스라엘에 맞서 총격전을 벌일 것을 대비했을 것이다.

더구나 이스라엘군은 3명의 남성 인질을 구출하고 현장을 빠져나갈 때 타려고 했던 차량이 파괴되면서 추가 공중 지원을 요청할 수밖에 없었고 이때 하마스의 시선을 돌려서 퇴로를 확보하기 위해 이 지역에 공습을 가할 때 민간인 사상자가 대거 발생한 것이다. 그러나 사실 이들도 역시 순수한 의미의 민간인인지는 알 수 없다. 그런데도 유엔은 이에 대해 "인구 밀도가 높은 지역에서 공습이 이루어진 이 방식이 전쟁법에 명시된 원칙을 준수했는지 심각하게 의문이 제기된다"면서 전쟁 범죄의 가능성이 있다고 주장했다. 그러나 이스라엘군의 발표는 하마스 보건부의 발표와는 다르다. 이번 작전으로 희생된 가자 시민은 100명 미만이며 사망자 중에서 몇 명이 민간인이고 몇 명이 전투 요원인지는 확인되지 않았다고 밝혔다.

여기서 또 한 가지 눈여겨볼 것이 있다. 대부분의 사람은 가자 지구에 억류된 이스라엘 인질들이 깊은 지하 터널에 억류되어 있을 것으로 추측했다. 하지만 이번 작전에서 보았듯이 4명의 인질은 지하 터널이 아니라 모두 인구밀도가 높은 누세라이트 난민촌에 있는 민간인 가정집에 억류되어 있었다.

이 집은 하마스 정부의 노동부 대변인 출신 여성의 소유였고 그녀의 남편은 팔레스타인 기자였다. 무장한 하마스 대원이 총을 들고 감시한 것이 아니라 민간인들이 감금하고 있었고 이스라엘 특공대원이 작전을 펼치자 곧바로 하마스 대원들이 총격전으로 대응해 왔다. 이는 민간인과 하마스의 구별이 없으며 서로 연결된 관계임을 확인시켜 주었다.

하마스는 인질들을 민간인 가정집에 가둬둠으로 이스라엘군의 구출 작전에 최대한 제한을 두고 싶었을 것이다. 만약에 구출 과정에서 총격전이 벌어질 경우 최대한 많은 민간인이 희생되도록 의도했다. 그리고 국제 사회는 하마스의 의도대로 전쟁 범죄 프레임을 또다시 꺼내 든 것이다.

하마스는 대체 왜 이런 짓을 할까? 왜 텔아비브를 향해 쏘는 로켓 발사대와 탄약고를 난민촌 바로 옆에 설치하고 이스라엘 인질들을 민간인 가정집에 억류하는 것일까? 그 해답은 2023년 10월 개전 초기에 하마스의 정치 최고 지도자 이스마엘 하니예의 말에 정확히 표현되어 있다.

"팔레스타인 독립 전쟁을 위해서는 여자와 아이와 노인이 가자 지구에서 더 죽어야 한다."

이는 인간 방패 전략이 아니라 인신 공양 전략이다. 그래야 이스라엘을 반인도주의적 전쟁 범죄 국가로 몰아 붙일 수 있기 때문이다. 따라서 이스라엘이 전쟁 범죄를 일으키는 것이 아니라 오히려 하마스가 지금 민간인 희생과 가자 주민들 뒤에 숨어서 전쟁을 수행하는 이중 전범 행위를 저지르고 있는 것이다.

하마스 지도자 이스마엘 하니예는 여자와 아이와 노인이 가자 지구를 위해 죽어야 한다고 했다.

그래도 이스라엘은 전쟁 범죄 국가일까?

미국 육군사관학교West Point의 교수이자 시가전 전문가인 존 스펜서John Spencer 교수가 미국의 시사전문지인 〈뉴스위크〉에 "이스라엘의 가자 지구 전쟁을 무엇과도 비교하지 마라. 이런 전쟁은 전례가 없었다. 이번 가자 전쟁은 인류 역사상 가장 인도적인 전쟁이다"라는 제목으로 칼럼을 게재했다.

그 내용을 살펴보면 자칭 전문가라고 하는 사람들이 이번 가자 전쟁을 과거 전쟁사와 비교하면서 가장 처참하고 가장 참혹한 전쟁으로 규정하고 있지만, 사실은 대부분 통계 오류와 핵심 맥락을 누락한 부정확한 비교 분석이라고 단언한다. 오히려 가자 전쟁은 인류가 한 번도 경험하지 못한 최초의 인도적 전쟁이고 전쟁사에 비교 대상이 존재하지 않는다고 규정했다.

그러면서 이스라엘 방위군은 공격과 방어가 가능한 700킬로미터가 넘는 지하 터널 기지를 갖춘 하마스 병력과 마주해야 한다. 이들 테러 진지 터널은 민간인 지역 특히 학교와 병원과 모스크와 유엔 시설들에 연결되어 있다. 이런 진지 구축은 과거 전쟁사에 존재하지 않았다고 지적했다.

과거 베트콩도 지하 터널을 파기는 했지만, 이 터널들이 가정집과 병원과 학교에 연결되어 있지는 않았다. 하마스가 10월 7일, 이스라엘 국민 1천3백여 명을 학살하고, 강간하고, 240여 명을 납치한 것에 대한 방어적 권리인 선제공격이 아닌 정당한 방어적 전쟁으로 국제법에 부합한다고 규정했다.

이스라엘군은 전쟁을 수행하는 과정에서도 하마스 테러 병력 1만 명(하마스 추산 2만 4천 명)을 제거하면서도 이스라엘은 전례가 없을 정도로 민간인 피해 방지에 극도로 신경 쓰면서 전쟁을 치르지 않았던가?

공격 전에는 민간인 대피로를 확보하고 피난시키려 했지만, 하마스가 이 대피로를 가로막지 않았던가? 또 하마스와 이스라엘은 전쟁의 목표에서도 분명한 차이가 있다.

하마스는 민간인을 인간 방패 삼아 희생시키고 국제 사회에 팔레스타인 지지를 독려하는 비문명적 정치 투쟁 또는 지하드 성격이지만, 이스라엘의 전쟁 목표는 납치된 자국민을 구출하기 위한 전쟁이었고 하마스의 군사력과 통치력의 와해였다.

이는 자국민을 보호하기 위한 당연한 결정이고 이번에 하마스의 군사력과 통치력을 와해시키지 않으면 결국 그들은 가자 지구를 빠져나가 유럽으로, 미국으로 스며들 것이 분명하기 때문이다. 또한 그곳에서 새로운 테러를 준비할 것이 분명하다.

그리고 10월 7일에 있었던 학살 테러가 다시는 일어나지 않아야 한다. 이를 위해 가자 국경을 보호해야 한다. 가자 지구에서 유대인 마을까지는 불과 1.4킬로미터 거리다. 이번 기회에 그들을 와해시키지 않는다면 언제 또다시 이스라엘을 향해 넘어올지, 로켓을 쏠지 모를 일이다.

골란고원이 그렇지 않았는가? 1967년 이전까지만 해도 시리아가 허구헌 날 이스라엘의 갈릴리 호수에 미사일을 쏘더니 이스라엘은 6일 전쟁을 통해 골란고원을 점령해 버리지 않았던가? 그 덕분에 오늘날 많은 사람이 안전하게 갈릴리 호수도 가고 골란고원을 여행할 수 있게 되었다.

이런 것들이 이스라엘의 전통적인 군사적 목표다. 그렇기 때문에 전쟁의 목표를 완수하기 위해서는 한 번의 시가전이 아닌 장기전이 요구되며 지금 그 전쟁을 치르는 중이다. 그러나 자칭 전문가라는 사람들은 이번 가자 전쟁에 대해 과거 사례를 들먹이며 이스라엘 전쟁 수행을 비판하는 것은 어불성설이다.

그러면서 존 스펜서 교수는 이스라엘과 하마스 간의 전쟁을 다른 나라 전쟁과 비교하면서 좀 더 구체적으로 지적한다.

지난 2022년 2월부터 시작된 러시아와 우크라이나의 전쟁 중에 러시아의 세르게이 국방부 장관은 이번 전쟁에서 2년 3개월 동안 우크라이나 군인 38만 3천 명을 사살했다고 주장했다.

물론 우크라이나의 블라디미르 젤렌스키 대통령은 3만

1천 명이 사망했다고 하고, 미국 정부는 7만 명이 사망했다고 발표했다. 누구의 말이 정확한지는 모르겠지만 이미 상당수가 사망한 것은 분명하며 대략 20만 명 정도 사망한 것으로 보인다. 그러니 우크라이나 민간인 피해는 말할 수도 없다. 그뿐만 아니라 러시아는 우크라이나의 남부 철강 도시 마리우풀을 점령하기 위해 3개월 동안 전투를 하면서 도시 건물의 90퍼센트를 파괴했고 민간인 43만 명 중에서 2만 5천 명을 사살했고, 어떤 날은 당일 폭격만으로 6백 명의 민간인이 사망했다.

이 상황은 지난 1990년대 말 20개월 동안 러시아가 체첸과의 전쟁에서 체첸 수도 그로즈니 시가전에서 체첸 인구 110만 명 중 5퍼센트인 5만 명을 사살한 것과 비슷하다.

알다시피 우크라이나는 러시아를 침공해서 민간인을 살해하고 강간하지 않았으며 집을 불태우지도 납치하지도 않았다. 체첸 역시 러시아를 침공해서 민간인을 살해하고 강간하지 않았으며 집을 불태우지도 않았고 러시아 민간인을 납치하지 않았다.

그런데도 러시아는 체첸에서도 우크라이나에서도 수많은 민간인을 살해하고 건물을 폭파하고 도시를 파괴했지만 아무도 러시아를 향해 전쟁 범죄 국가라고 하지 않는다. 러시아 푸틴 대통령을 전쟁 범죄자라고 국제사법재판소에 기소하지도 않는다. 그 어느 나라 언론도 러시아를 향해 비인도적이고 반인륜적인 집단이라고 비난하지도 않는다.

시리아 내전 당시에도 시리아의 바샤르 알 아사드_{Bashar Hafez Al-Assad} 대통령은 2013년부터 2024년까지 자그마치 장장 10년 동안이나 다른 나라 국민도 아니고 자국민 30만 명을 살해했고 특히 2013년부터 2017년까지 4년 동안 민간인 포함 15만 명을 살해했다. 자국민 사망자가 하루 평균 84명인데도 전 세계 그 누구도 시리아의 아사드 대통령을 전쟁 범죄자라고 비난하지 않았다.

미국은 이보다 더한 전쟁 범죄를 저질렀다

1945년 2월 13일부터 15일까지 3일 동안 미국과 영국 연합군의 폭격기 편대가 독일의 드레스덴을 폭격했다. 이는 유럽 전선의 폭격 중에 가장 큰 피해를 준 작전이었다.

사흘 동안 자그마치 3,400톤의 폭탄을 도시에 쏟아부어서 바로크 시대의 예술 작품과 건축물들이 모두 파괴되고 특히 2월 14일 하루 동안에만 영국 공군의 비행기 772대가 드레스덴 하늘을 가득 메우고 자그마치 2,659톤의 폭탄을 떨어뜨렸다. 영국과 미국은 단 사흘 만에 드레스덴 도시 민간인 2만 5천 명을 사망에 이르게 했다.

그리고 미국은 1944년 일본 도쿄 공습 당시, 군 시설이나 군수 산업에 대한 공습이 아니라 도쿄라는 한 도시 전체를 섬멸할 목표로 무차별 공습을 감행하면서 행정구역별로 하루에 1개 구에서 3개 구를 정해 집중적으로 폭탄을 쏟아부었다.

이 작전은 11월 24일에 시작해서 다음 해 8월까지 장장 약 10개월 동안 군인과 민간인을 구분하지 않고 사살했다. 이로 인해 민간인 30만 명이 희생되었으며 이 중에 어떤 날은 하루 폭격으로 8만에서 10만 명이 희생되었다.

이 공격은 드레스덴 폭격과 나가사키 원폭 당시 민간인 사상자보다 큰 수치였다. 이런데도 지금 미국이 이스라엘을 향해 전쟁 범죄 운운할 수가 있을까? 이번 가자 전쟁과 유사한 마닐라 전쟁도 마찬가지다.

제2차 세계 대전 당시, 1945년 2월 3일부터 3월 3일까지 한 달 동안 벌어진 마닐라 전투에서도 미국은 1천여 명의 미군 포로를 구출하기 위해서 3만 5천 명의 병력을 동원해서 한 달 동안 1만 7천 명의 일본군을 섬멸했다.

이 당시에도 가자 전쟁과 마찬가지로 일본군은 지하 하수도 시설을 방어 진지로 활용했는데 이 전투에서 10만 명의 필리핀 민간인들이 사망했다.

이런데도 지금 미국이 이스라엘을 향해 전쟁 범죄 운운할 수가 있는 것일까? 또 어떤 전문가들은 이번 전쟁을 2016년과 2017년 이라크 모술 전투와 비교하기도 한다. 당시 미군은 수니파 이슬람 극단주의 무장단체를 섬멸하기 위해서 10만 명의 이라크 병력과 미 공군 전력을 투입해서 9개월 동안 민간인 지역에 숨어든 수니파 이슬람 극단주의 무장 단체 병력 3천 명에서 5천 명을 섬멸했다.

이때 1만 명의 민간인 희생자와 13만 6천 채의 가옥이 파괴되었고 이라크군 전사자는 1만 명이었다. 이래도 미국을 전쟁 범죄 국가라고 하지 않는다.

이 당시에 수니파 이슬람 극단주의 무장단체는 민간인 지역에서 게릴라 전술을 펼치기는 했지만, 오늘날 하마스처럼 로켓을 발사하거나 인질을 구금하지 않았고, 지하 터널 테러 시설은 존재하지 않았다.

지난 2004년 4월 미군은 이라크 반군과 전투를 벌였는데 6일 동안 이라크 인구 30만의 팔루자 도심을 초토화했는데 당시 민간인 희생자는 220명에서 6백여 명에 달했다. 그로부터 6개월 후인 2004년 11월, 2차 팔루자 전투에서는 미국과 영국 연합군 1만 3천 명에서 1만 5천 명의 병력을 투입해서 6주 동안 3천 명의 테러리스트를 소탕했다.

당시 전투에도 대부분 주민이 소개령으로 대피했음에도 불구하고 8백 명의 민간인 희생자가 발생했다. 도시 건물 60퍼센트가 파괴되었지만, 지하 터널 같은 테러 병참 시설은 없었다. 자기들이 하면 정당한 작전이고 정의로운 전투이고 이스라엘이 하면 전쟁 범죄란 말인가?

결론적으로 말해서 과거 현대 전쟁사를 통틀어서 이스라엘과 가자 지구 전쟁을 비교할 수 있는 사례는 존재하지 않는다. 이스라엘보다 전쟁 결과는 훨씬 더 처참한 사례는 차고 넘친다.

이쯤에서 지금 가자 전쟁의 시발점을 되돌아보자. 분명히 하마스가 이스라엘 먼저 공격했고, 단 한 시간 만에 8천 발의 로켓을 쏘았으며 1천3백여 명의 민간인을 잔혹하게 살해했고, 4천여 명의 부상자가 발생했으며 240여 명의 인질을 가자 지구로 끌고 갔다. 또한 그들은 주민들을 인간 방패로 삼고 있다. 병원과 학교와 민간인 집에 로켓 발사대를 설치하고 그들의 은신처로 삼고 있다. 이스라엘의 공격을 저지하기 위해서다. 하마스는 700킬로미터의 터널을 활용하고 있으며 아마도 그 속에 인질들을 숨겨 놓았을지도 모른다. 그러니 함부로 지하 터널을 파괴할 수도 없다.

하마스와 민간인이 분간이 안 되는 상황이다. 민간인인 줄 알았는데 뒤에서 총을 쏘아대고, 여성이라고 경계를 풀었는데 갑자기 가방에서 폭탄을 꺼내 던진다.

어린아이라고 해서 돌려보냈는데 유인 장치였고 어디선가 히브리어로 "쏘지 마라. 우리는 인질이다"라는 소리가 들려서 총도 쏘지 못하고 가까이 갔는데 히브리어를 할 줄 아는 가짜 인질 하마스였다.

그런데도 이스라엘군은 가자 지구를 공습할 때 민간인을 대피시킨다. 대피시키고 나서도 그들이 머물 곳이 없다고 대규모 텐트촌까지 만들어 주었다. 건물을 공격할 때도 미리 건물 주인에게 알려 준다. 그런데 전기와 물 공급을 중단했더니 국제 사회의 비난이 빗발친다. 세상에 어느 나라가 적국에 전기와 물을 공급하겠는가? 물과 전기를 공급해 주면, 하마스가 죄다 끌어다 쓰는 것도 모자라 심지어 수도 파이프를 파내서 로켓을 만든다. 이스라엘은 국제 사회의 비난에 끊어진 수도 파이프를 다시 연결해서 물을 공급하고 있다. 그리고 적국의 민간인들을 먹이기 위해 구호 식량과 구호 물자를 들여보낸다. 전쟁이 시작된 10월 7일 이후 가자 지구 안으로 30,906대의 트럭을 이용하여 538,295톤의 인도적 구호 물자가 들어갔다. 전쟁 중인 적국의 국민을 위해 인도주의적 물자를 들여보내면서 전쟁을 치르는 나라가 있었을까?

민간인도 보호해야 하고 인질도 구출해야 하고 하마스와도 싸워야 한다. 그리고 국제 사회의 언론 미디어를 향해 입장도 밝혀야 한다. 한꺼번에 몇 개의 작전, 몇 개의 전투를 동시에 하는 셈이다.

그리고 세계는 이스라엘을 향해 전쟁 범죄 국가라는 프레임을 씌우는 중이다.

김종철 감독의 이스라엘 바로 알기 시리즈 3
10월 7일, 가자전쟁의 본질과 진실

초판 발행 2024년 11월 26일
1판 1쇄 2024년 12월 11일

지은이　김종철

발행인　이금선
발행처　브래드북스
편집　　조은해, 김보령
디자인　김다은

출판등록　2011년 5월 13일 (신고번호 제2011-000085호)
주소　　경기도 고양시 일산동구 백마로 502번길 116-18 브래드TV
전화　　031-926-2722
홈페이지　www.bradtv.net
이메일　bradfilm123@gmail.com

ISBN　　979-11-973024-0-4(03230)

이 책의 저작권은 저자에게 있으며 판권은 브래드북스에 있습니다.
이 책은 저작권법에 의해 보호받는 저작물이므로 무단 전재와 무단 복제를 금합니다.